Alana Anijar Bella Falconi Carol Rezende Fabiola Melo Fernanda Witwytzky
Juliana Luziê Junia Hayashi Priscilla Subirá Thays Lessa Viih Rocha

MINHA JORNADA

CORPO, ALMA E ESPÍRITO

Editora Quatro Ventos
Rua Liberato Carvalho Leite, 86
(11) 3230-2378
(11) 3746-9700

Diretor executivo: Renan Menezes
Editora-chefe: Sarah Lucchini
Coordenação do projeto: Kristyn Felix
Equipe de projeto: Ariela Lira
Dallila Macedo
Manuella Vieira
Equipe Editorial: Paula de Luna
Rafaela Beatriz Santos
Revisão: Eliane Viza B. Barreto
Diagramação: Kézia Moura Ortiz
Thalita Vitoria O. Santos
Ilustração: Carolina M. J. Mano
Kézia Moura Ortiz
Capa*: Vinícius Lira

*A capa artística foi produzida com a obra da artista plástica Thai Mainhard.

Todos os direitos deste livro são reservados pela Editora Quatro Ventos.

Proibida a reprodução por quaisquer meios, salvo em breves citações, com indicação da fonte.

Todas as citações bíblicas e de terceiros foram adaptadas segundo o Acordo Ortográfico da Língua Portuguesa, assinado em 1990, em vigor desde janeiro de 2009.

Todo o conteúdo aqui publicado é de inteira responsabilidade das autoras.

Todas as citações bíblicas foram extraídas da Nova Almeida Atualizada, salvo indicação em contrário.

Citações extraídas do site *https://www.bibliaonline.com.br/naa*. Acesso em julho de 2020.

2ª Edição: dezembro 2020
1ª reimpressão fevereiro 2021

Ficha catalográfica elaborada por Maria Alice Ferreira – CRB 8/7964

Vários autores.

Minha jornada : corpo, alma e espírito /-- 1. ed. --
São Paulo : Editora Quatro Ventos, 2020.

ISBN: 978-65-86261-66-0

1. Cristianismo 2. Organização 3. Planejamento

20-42808   CDD-808.883

PERTENCE A

MINHA JORNADA: CORPO, ALMA E ESPÍRITO

O nosso propósito é instigar mulheres a viverem o Reino de Deus onde elas estiverem, incentivando-as a se desenvolverem em todas as áreas de suas vidas. Assim, por meio de dicas criativas sobre *organização e planejamento*, incluindo assuntos relacionados ao *corpo, alma e espírito,* o nosso desejo é gerar transformação e reforma na sociedade por meio de cada uma que se compromete a abraçar essa jornada.

Entendemos que esta ferramenta pode mudar o *lifestyle* de uma geração de mulheres, levando-as para cada vez mais perto de Jesus e ajudando-as a incluí-lO em seu dia a dia, além de trazer praticidade e organização às suas rotinas.

Portanto, este é um produto pensado para ser dinâmico e versátil, alcançando qualquer tipo de mulher, seja uma adolescente, uma empresária, uma mãe ou uma dona de casa. Nossa ideia é apresentar formas de como organizar sua rotina, planejar seus objetivos, registrar suas experiências e o que mais desejar.

Esta é a junção perfeita entre uma rotina espiritual e cotidiana, englobando tanto as disciplinas espirituais quanto as tarefas diárias relacionadas ao trabalho, aos estudos, entre outros.

Você está pronta para desenvolver, de maneira prática, a sua jornada?

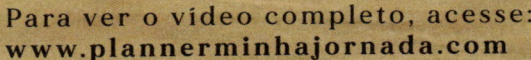

Para ver o vídeo completo, acesse:
www.plannerminhajornada.com

CONHEÇA NOSSA JORNADA

ALANA ANIJAR @alanaanijar

É psicóloga especialista em Terapia Cognitivo-comportamental e atua com objetivo de ajudar mulheres do mundo todo a desenvolverem autoestima e inteligência emocional. Realiza atendimentos *on-line* individuais, além de oferecer cursos e mentoria, e publicar conteúdos sobre o tema em suas redes sociais. Sua paixão é ajudar as pessoas a serem a melhor versão de si mesmas.

BELLA FALCONI @bellafalconi

É bacharel e mestre em Nutrição, pós-graduada em Teologia Sistemática pelo Mackenzie e atua como influenciadora digital. Bella é autora de *Quem tocou minha vida* e *Se não houvesse amanhã: o Evangelho para hoje*. Casada com Ricardo e mãe da Vicky e da Stella, sua paixão é levar a Palavra de Deus ao mundo, estudar e viajar com a família.

CAROL REZENDE @carolrznd

É formada em Administração e atua como consultora de finanças pessoais. Seu objetivo é simplificar esse assunto e mostrar que é possível viver um bom presente e um futuro melhor ainda através da organização financeira. Sua paixão é ensinar e ver pessoas transformando a relação que têm com o dinheiro por meio de pequenas mudanças diárias.

FABIOLA MELO @fabiolamelooficial

É pastora na Poiema Church, escritora e *digital influencer*. Além de ser autora dos *best-sellers A culpa não é sua* e *Ele me ama*. Ao lado de seu marido Samuel, exerce seu chamado por meio da *internet*. Sua paixão é levantar uma geração que influenciará positivamente a sociedade e que não permitirá que seus medos a impeça de viver o propósito que carrega.

FERNANDA WITWYTZKY @fernandawitwytzky

É graduada em Arquitetura e Urbanismo pela UFMS, missionária pela agência Cru-Brasil e produz conteúdos para a *internet*. É autora do *e-book best-seller Enquanto isso* e da versão física *Enquanto isso - journal*. Casada com Rafael e mãe dos gêmeos Samuel e Sara, sua paixão é usar da comunicação, em suas diversas formas, em prol do Reino de Deus.

JULIANA LUZIÊ @julianaluziee

É graduada em Administração e atua como influenciadora digital nas redes sociais. Embaixadora da marca de cosméticos Salon Line, busca mostrar o valor de todas as belezas, porque cada pessoa é única. Carioca vivendo em São Paulo, sua maior paixão é falar do amor-próprio, pois tudo o que Deus faz é perfeito, e nós somos criação d'Ele.

JUNIA HAYASHI @juniahayashi

É graduada em Relações Públicas e autora do livro *Nada mais importa*. Junto com seu marido, Teófilo Hayashi, lidera o Dunamis Movement e pastoreia a Zion Church. Mãe dos meninos Zach e Koa, sua paixão é ver pessoas com suas identidades firmadas levantando-se com ousadia e poder do Alto para expandir e estabelecer o Reino dos Céus na Terra.

PRISCILLA SUBIRÁ @priscillahuber

É graduada em Literatura Bíblica pela Universidade Oral Roberts, e participa de diversos projetos de estudos teológicos e aconselhamento em sua igreja local nos EUA. Produz conteúdos sobre relacionamentos, receitas e assuntos do seu dia a dia no YouTube. Casada com Israel, e mãe da pequena Aela. Sua paixão é ver pessoas sendo salvas e alcançando o seu propósito.

THAYS LESSA @thaysslessa

É *youtuber* e empreendedora digital; cria conteúdos relacionados a criatividade, moda e tudo com muito café. Dona do *podcast* "Café com Lessa", também é autora dos *ebooks 30 dias de gratidão e Vencendo a comparação*. Sua paixão é influenciar pessoas a viverem de forma autêntica e cheia de criatividade, além de viajar pelo mundo.

VIIH ROCHA @viihrocha

É graduada em Moda, possui uma marca de roupas e, como influenciadora, busca criar conteúdos relevantes sobre moda, autoestima e empreendedorismo. Além disso, é fundadora do curso Se Enxerga, que já fez milhares de mulheres se perceberem de uma nova perspectiva, descobrindo sua verdadeira identidade através da moda e sendo transformadas de dentro para fora e da cabeça aos pés. Sua paixão é buscar viver seu propósito nesta Terra.

ORGANIZAÇÃO E PLANEJAMENTO

GERENCIAMENTO DE TEMPO

> *Portanto, tenham cuidado com a maneira como vocês vivem, e vivam não como tolos, mas como sábios, aproveitando bem o tempo, porque os dias são maus.*
> *(Efésios 5.15-16)*

O gerenciamento do tempo é importante por causa da velocidade em que vivemos hoje. Administrar nossos afazeres, tarefas e lazeres é bem delicado. Por isso, neste texto, quero lhe dar algumas dicas de como melhorar a distribuição do seu tempo, otimizando seus períodos de intimidade com Deus, com sua família e até mesmo com você.

Por onde começar? Essa é a pergunta que não quer calar, não é? Então, a primeira coisa que indico é listar todos os seus compromissos. Normalmente, perdemos o controle de tudo quando não organizamos nossas tarefas. E para nos lembrar da importância de administrar os afazeres com excelência, a Palavra de Deus enfatiza:

> *Tudo tem seu tempo determinado, e há tempo para todo propósito debaixo do céu.*
> *(Eclesiastes 3.1)*

Mas como podemos planejar nosso tempo? Colocando em ordem de prioridade cada uma das tarefas listadas e pedindo a Deus direcionamento a respeito de quaisquer mudanças que precisem ser feitas. A respeito desse assunto, Eclesiastes 10.10 afirma que "Se o machado está cego e sua lâmina não foi afiada, é preciso golpear com mais força; agir com sabedoria assegura o sucesso" (NVI). Isso quer dizer que o lenhador gastará mais tempo afiando o machado, mas perderá menos horas no trabalho. Assim é também a nossa vida; teremos mais tempo se planejarmos antes de começar, pois quanto melhor a preparação, maior a produtividade.

E como dividir esse tempo? Nós precisamos refletir sobre o que é essencial para a nossa vida, a fim de que ela ande conforme a vontade do Senhor, sempre considerando nossos esforços para com o que nos foi dado. Dessa forma, será possível colocar os itens da lista em prática por ordem de importância e necessidade. Assim, consequentemente, gerar um tempo mais proveitoso e certamente debaixo da vontade de Deus.

Aqui vão seis dicas para gerenciar melhor o seu tempo:

Seja organizado. Sem organização, não há ordem; e sem ordem é impossível administrar o tempo;

Planeje suas tarefas diárias e priorize-as para que sejam bem executadas;

Saiba dizer "não" às coisas que atrapalham ou que consomem seu tempo;

Não adie as coisas. O hábito de procrastinar rouba o tempo e a produtividade. Por isso, devemos listar o que é prioridade;

Busque equilíbrio. Nunca é demais conhecer a Deus, mas, em relação às tarefas e obrigações (trabalho), procure equilibrar e viver em harmonia com quem está ao seu lado, cumprindo a Palavra do Senhor;

Reserve tempo para conhecer melhor a Deus; pois de nada adianta planejar e não ter sua vida guiada pela vontade do Senhor. Vá mais fundo em passar tempo com Ele!

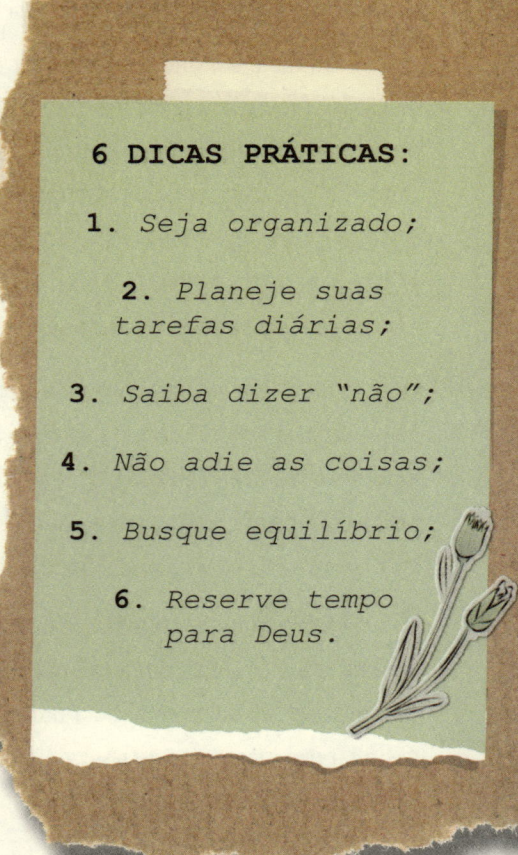

6 DICAS PRÁTICAS:

1. *Seja organizado;*
2. *Planeje suas tarefas diárias;*
3. *Saiba dizer "não";*
4. *Não adie as coisas;*
5. *Busque equilíbrio;*
6. *Reserve tempo para Deus.*

PRODUTIVIDADE

Por muitas vezes, senti-me sufocada pela sensação horrível de que eu não estava sendo produtiva o suficiente em minha vida, até mesmo durante os momentos de descanso. E isso é justamente o reflexo de algo que parece existir na nossa geração: uma ânsia muito grande em preencher loucamente o nosso tempo.

A respeito disso, você sabia que já foi comprovado que a sensação de cumprir tarefas eleva instantaneamente o nível de dopamina no centro do prazer cerebral? E o que acontece quando sentimos esse prazer é: queremos mais e mais dessa sensação. Por esse motivo, acontece, frequentemente, de estarmos viciados no trabalho ou na produtividade, já que, quimicamente, isso gera uma recompensa para o nosso corpo.

Realmente é muito prazeroso trabalhar, criar, produzir conteúdo e nos sentir úteis neste mundo. O próprio Deus nos fez com esse propósito. A Bíblia nos diz, em Gênesis 2, que, após Deus criar o homem à Sua imagem e semelhança, Seu intuito era de que ele também trabalhasse:

> *O Senhor Deus colocou o homem no jardim do Éden para cuidar dele e cultivá-lo.*
> *(Gênesis 2.15 – NVI)*

Então, o convite para uma vida produtiva vem desde a fundação do mundo. Deus nos criou para estarmos em movimento, para participarmos de Suas obras e colaborarmos com o funcionamento desta Terra. Mas, se fomos feitos para isso, qual seria o problema da produtividade? A questão é que devemos usar todo o tempo, recursos e ferramentas dados pelo Senhor com sabedoria e equilíbrio. O erro está no excesso.

Sendo assim, coloque, sim, a mão na massa, faça bom uso do seu tempo, realize projetos e tire as coisas do papel, mas lembre-se de se organizar para que haja tempo para o descanso. Até porque uma produtividade saudável é fruto de alguém que sabe desfrutar dos momentos de pausa. Compreenda que o próprio Deus, após seis dias de criação, também descansou.

Fernanda Witwytzky

Viver na contramão de um mundo apressado e acelerado, sendo instrumentos nas mãos do nosso Criador através das coisas que produzimos, é uma missão maravilhosa. Ser relevantes e agentes de transformação é um privilégio para todos os que se dispõem a usar seu tempo, dons e talentos para o Reino de Deus.

Então, quero ajudar você passando algumas dicas para ser uma pessoa produtiva, de forma saudável:

Tenha uma agenda onde você organize seus dias e semanas. Assim, verá que muitas tarefas não necessariamente precisam ser cumpridas em um dia só e podem ser distribuídas tranquilamente durante a semana.

Organize seus afazeres por ordem de prioridade, e também por aquilo que é seu propósito. Muitas vezes, acabamos realizando atividades que não precisaríamos; e muitas delas, inclusive, poderíamos delegar. Saiba dizer "sim" e "não" para as coisas certas.

Conecte-se com o presente. É muito difícil que o nosso tempo dedicado a algo seja produtivo se estivermos pensando a todo momento no futuro ou no que nos falta fazer. Faça uma coisa de cada vez e viva o agora. Termine as tarefas iniciadas para, então, partir para a próxima.

Saiba dividir o tempo de produzir e o tempo de descanso. A hora de descansar é o momento de fazer coisas que você gosta, sem obrigações. Aproveite as pessoas à sua volta e deixe o trabalho de lado nesses períodos.

4 DICAS PRÁTICAS:

1. Tenha uma agenda pra se organizar;

2. Organize seus afazeres por ordem de prioridade;

3. Conecte-se com o presente;

4. Divida o tempo de produzir e o de descansar.

DESENVOLVENDO UMA ROTINA

> *O senhor respondeu: "Muito bem, servo bom e fiel! Você foi fiel no pouco, eu o porei sobre o muito. Venha e participe da alegria do seu senhor".*
> *(Mateus 25.21 - NVI)*

Uma das coisas que o Senhor colocou em nossas mãos é o tempo. Todos os dias, as Suas misericórdias se renovam e temos mais 24 horas para viver uma vida cheia de propósitos, sendo ótimos gestores de nossas rotinas e mudando quando necessário. Por outro lado, podemos também ser pessoas que se deixam levar pela vida, que não se organizam e que não têm suas prioridades diárias bem estabelecidas.

A nossa vida é algo que Deus nos deu para administrarmos com cuidado. É por isso que eu amo o versículo 21 de Mateus 25 (sugiro que você leia a passagem inteira, que conta a Parábola dos Talentos), pois sempre me fez refletir sobre o que Deus já colocou em minhas mãos e o quanto é possível menosprezar o que temos por não enxergarmos sua importância.

E você, tem tratado com desdém o tempo que Deus tem lhe dado? A forma que organizamos e desenvolvemos nossa rotina é uma resposta a esse presente, e vai fazer muita diferença no decorrer da vida.

Se seu cotidiano virou uma "rotina sem rotina", fique calma! Vou auxiliar você com alguns passos práticos:

1. Prioridades

A primeira coisa que você precisa é ter clareza sobre o que é prioridade para a sua vida. O que é indispensável? Seu tempo com Deus? Tomar o seu café? Exercitar-se? Chegar ao trabalho um pouco mais cedo? Conseguir cumprir com todas as tarefas diárias?

Faça uma lista com todas as suas prioridades, e não tenha medo de acrescentar algumas novas – aquelas que você estava deixando para depois. Lembre-se: sempre que não temos tempo para algo é porque aquilo não é nossa prioridade.

2. Marque horários

É importante não deixarmos a rotina em aberto. Seja clara com o horário em que você vai fazer as coisas e, se preciso, principalmente no começo, configure alguns lembretes ou alarmes em seu celular para não esquecer.

3. Faça e repita

Assim como uma pessoa não pode ir à academia apenas uma vez e já esperar por um enorme resultado, não há como praticar uma atividade por um dia e imediatamente colher seus frutos. O segredo está em dar o seu melhor todos os dias, ser fiel no pouco e continuar.

Uma dica preciosa: se você tem dificuldade em alguma atividade e nunca consegue ser constante nela, traga pessoas para essa equação. Se preciso, faça um compromisso com alguém para iniciarem algo juntos.

Espero que, todos os dias, ao acordar, você tenha consciência de que as misericórdias do Senhor se renovaram. É mais um dia para ser fiel ao que Ele lhe deu e viver uma vida repleta de propósitos!

> *[...] pois as Suas misericórdias são inesgotáveis. Renovam-se cada manhã; grande é a sua fidelidade!*
> (Lamentações 3.22-23 — NVI)

PROJETOS

EI, NÃO PULE ESTE TEXTO! Já passou da hora de você parar de enterrar todos os seus sonhos e projetos.

*No princípio Deus **criou** os céus e a terra.*
(Gênesis 1.1 – grifo da autora)

O primeiro verbo que encontramos nas Escrituras é "criar". Nosso Pai celestial é o Criador, e nós fomos gerados como consequência de quem Ele é. Em Gênesis 1.26, encontramos: "Então disse Deus: 'façamos o homem à nossa imagem, conforme a nossa semelhança [...]'" (NVI). Meu intuito ao citar esse verso é trazer a você clareza em relação à sua identidade. Quando Deus nos criou, Ele colocou dentro de cada um de nós o Seu DNA criativo, para trazer coisas à realidade. **Isso faz parte de quem você é!** Sabendo disso, o que você sonha em tornar real?

Talvez, neste momento, milhões de pensamentos estejam passando em sua cabeça, como: "isso não é pra mim", "não me sinto boa o suficiente", "não sei por onde começar", ou coisas do tipo. Quero que você entenda que a melhor resposta para todas essas mentiras que nos paralisam e que destroem os nossos sonhos é o nosso **movimento.**

Mostre-me a sua fé sem obras, e eu mostrarei a minha fé pelas obras.
(Tiago 2.18b – NVI)

É através da nossa ação que a mudança é gerada em nossas vidas. Quando decidimos pôr em prática aquilo que o Senhor colocou em nosso coração, estamos sendo fiéis e praticando a verdadeira fé (que, sem obras, é morta).

Assim, quando saímos da estagnação, podemos desenvolver:

1. A mordomia

Os nossos dons e talentos foram presentes de Deus para nós. Como você tem cuidado daquilo que Ele colocou aí dentro? Tem multiplicado ou escondido?

2. A semeadura

Se na natureza as sementes só brotam quando são jogadas no solo, como queremos que as coisas aconteçam se não estamos dispostos a plantar? Lembre-se: semente guardada no bolso não germina. Sair da estagnação é semear o que Deus já lhe deu no solo!

3. O fluir

Não é apenas sobre você, é sobre todas as pessoas que serão impactadas através do seu projeto. É tudo a respeito de conexões! O objetivo é ter aquela pessoa que vai olhar e dizer: "Se ela conseguiu, eu também consigo!".

Se você ainda não deu início ao que está pulsando aí dentro, quero, agora, desafiá-la a fazer um compromisso com três coisas a partir de hoje:

O QUÊ?

O que você quer iniciar? O que está queimando dentro de você? Seja clara! Qual é o seu projeto?

COMO?

Como você irá realizá-lo? De que forma ele vai funcionar? Qual será seu planejamento?

QUANDO?

Já marcou a data? Faça um compromisso para iniciar e, se preciso, peça a ajuda de algumas pessoas para ficarem de olho em você e não a deixarem desistir.

Dica: Faça o melhor uso deste exemplar em suas mãos para tirar coisas do papel e trazê-las à existência.

REDES SOCIAIS

Será que, um dia, o mundo existirá novamente sem as redes sociais? Disso eu posso até não ter certeza, mas que hoje elas estão presentes em boa parcela do nosso dia é um fato. Para comprovar, é só ir na função do seu celular onde mostra o tempo de uso. É incrível como o mundo digital já faz parte da nossa vida! Ali aprendemos, trabalhamos, compartilhamos experiências, assistimos a pedaços da vida de outras pessoas, entre outras mil utilidades que o universo *on-line* nos traz.

Nesse sentido, acredito muito no benefício da rede social, mas sempre gosto de bater na tecla de que não podemos ser ingênuos demais ao usá-la. Aquilo que consumimos todos os dias tem, sim, um efeito em nós – seja negativo ou positivo. Prova disso é que, muitas vezes, ficamos angustiados ao não poder usar o celular, pelo simples fato de sentir que talvez estejamos perdendo algo – é a famosa síndrome conhecida como *Fear of Missing Out* (FoMO)[1]. E ao querer estar sempre *on-line*, perdemos a oportunidade de desfrutar do exato momento em que estamos vivendo, tornando-nos mais ansiosos.

Outro erro comum é cair na comparação injusta com outras pessoas. Ao olhar para a vida alheia, devemos ter sabedoria e entender que todo mundo só mostra o que quer. A vida não é perfeita e bonita como as redes sociais tentam sempre aparentar. No entanto, eu enxergo que essas mesmas redes, se usadas de forma saudável, podem ser muito mais benéficas do que maléficas. Ao abrirmos nosso coração para consumir e produzir aquilo que edifica e sermos seletivos com o que assistimos, podemos gerar muitos frutos, tanto em nós quanto em outras pessoas.

> A vida não é perfeita e bonita como as redes sociais tentam sempre aparentar.

---

[1] **O que é a síndrome de FoMO?** Publicado por *Women's Health Brasil* em 12 de setembro de 2019. Disponível em https://womenshealthbrasil.com.br/sindrome-de-fomo/. Acesso em agosto de 2020.

Logo, devemos, sim, ser parte do mundo *on-line*. Porém, o convite de Deus para nós em Romanos 12.2 é para não nos conformarmos com este mundo e sermos transformados para experimentarmos a Sua vontade. Com essa mentalidade, eu sou completamente apaixonada pela comunicação, e através dela encontrei meu propósito em Deus.

Então, queria compartilhar com você algumas dicas de como fazer melhor uso das redes sociais:

Faça uma limpa na sua *timeline* em relação ao tipo de conteúdo que você consome.

Questione sempre o quanto aquilo que você consome tem afetado e mudado a sua cabeça (isso vale muito também para sua aparência física).

Ao publicar algo, pense se isso pode agregar algum valor na vida das pessoas ou só trazer confusão e discórdia.

Utilize *apps* que ajudem você a controlar seu tempo de uso diário.

Seja você mesma nas suas redes sociais! Fale daquilo que gosta, seja natural e não crie tantos empecilhos para compartilhar o que Deus tem colocado no seu coração.

5 DICAS PRÁTICAS:

1. *Faça uma limpa na sua* timeline;
2. *Questione sempre o que você consome;*
3. *Pense se o que você posta agrega valor;*
4. *Controle seu tempo diário;*
5. *Seja você mesmo nas redes sociais.*

EMPREENDEDORISMO

> *Empreender: Resolver-se a praticar (algo laborioso e difícil); tentar.*[1]

Como o próprio dicionário define, empreender não é uma tarefa fácil. Muitas vezes, estamos escolhendo, ainda que inconscientemente, as práticas mais simples, os objetivos que não tenham riscos, as atividades que se mantenham em nossa zona de conforto. Porém, definitivamente, isso é o oposto de empreender.

Eu acredito que nasci com o empreendedorismo na veia. Mas, ainda que você ache que não tenha naturalmente essa aptidão aí dentro, saiba que é possível desenvolvê-la, mesmo que não se sinta uma empreendedora nata. Lembre-se: você não é movida por sentimentos, mas, sim, pelas verdades de Deus sobre a sua vida.

Mesmo assim, empreender exige estudo, disciplina, foco, responsabilidade, riscos, ousadia e, acima de tudo, visão. Quanto a isso, é você quem trará a visão que definirá todo o rumo do seu empreendimento. Ou seja, está nas suas mãos decidir se os objetivos da sua empresa girarão em torno de dinheiro e de benefícios próprios ou determinar se ela terá a visão do Reino de Deus. Isso não elimina a parte de que, ainda assim, precisará ser lucrativa, mas não é isso que irá mover o coração do seu negócio.

Seu empreendimento pode ser somente mais um em meio a milhares, ou você pode buscar todo o alinhamento do coração de Deus para ele, seja gerando empregos, seja proporcionando uma qualidade de vida melhor para os seus colaboradores ou impactando pessoas com a excelência na forma como vocês trabalham.

Além disso, entender que cada indivíduo que está dentro de seu negócio representa uma família é o que realmente deve ser sua motivação. Portanto, não tenha funcionários,

---

[1] EMPREENDER. *In:* DICIONÁRIO Michaelis *on-line*. São Paulo: Melhoramentos, 2020. Disponível em https://michaelis.uol.com.br/moderno-portugues/busca/portugues-brasileiro/empreender/. Acesso em agosto de 2020.

pessoas somente para servir você ou gerar lucro para a empresa, mas decida ter colaboradores, parceiros, que darão o sangue por essa visão porque acreditam nela. E, acima de tudo, seja a que mais serve. Independentemente da sua posição em uma empresa, entenda que você está lá para servir a um propósito maior.

Todavia, ainda que tudo esteja alinhado, as dificuldades virão. Empreender não é um mar de rosas. Longe, bem longe disso. Entretanto, tendo a convicção de que o propósito de seu negócio nasceu no coração de Deus, essas dificuldades serão superadas e virarão testemunhos que impactarão o mercado. Ter o Senhor como seu sócio na empresa é o maior diferencial dela. Pense nisso.

Então, se você foi chamada para o mundo dos negócios e deseja empreender, independentemente da área em que deseja atuar, saiba que as posições precisam ser ocupadas por pessoas com valores e princípio corretos. Apenas dê o primeiro passo. E se você já empreende, certifique-se de que o coração da sua empresa e o seu batem pelo motivo correto. Você foi chamada para impactar uma geração. Não viva como se não soubesse disso.

> **5 DICAS PRÁTICAS:**
>
> 1. Alinhe a visão do seu negócio com a visão que Deus tem para ele;
>
> 2. Estude sobre seu mercado;
>
> 3. Analise os riscos, mas nunca permita que eles parem você;
>
> 4. Certifique-se de que as pessoas envolvidas entendam o propósito;
>
> 5. Conecte-se com pelo menos três empreendedores.

FINANÇAS NA PRÁTICA

Dinheiro é um tema muito presente em nossas vidas, pois está relacionado a inúmeras decisões que tomamos no dia a dia. Então, saber como cuidar das nossas finanças de forma saudável terá um impacto positivo em várias outras áreas além da financeira, não é verdade? Inclusive, na Bíblia, há mais de 2.000 referências sobre esse assunto. Portanto, abaixo vou trazer dicas práticas que podemos aplicar para administrar melhor nossos recursos à luz das Escrituras.

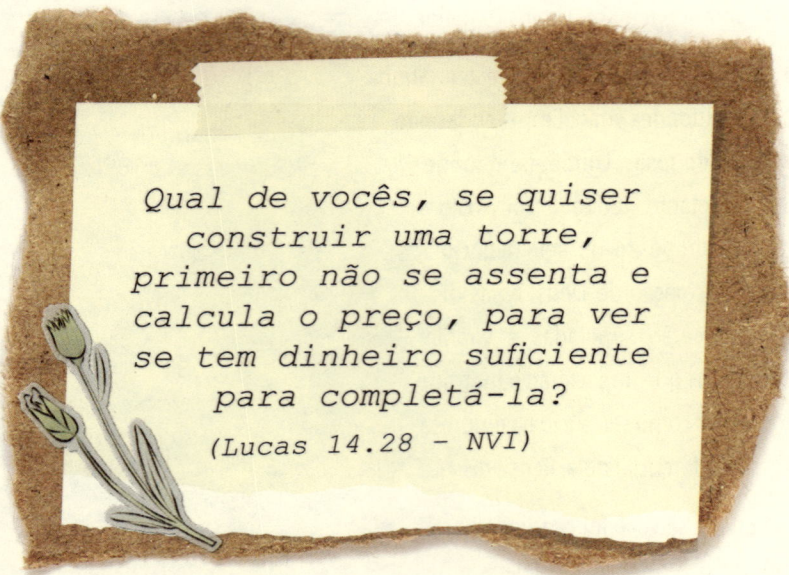

> Qual de vocês, se quiser construir uma torre, primeiro não se assenta e calcula o preço, para ver se tem dinheiro suficiente para completá-la?
> (Lucas 14.28 – NVI)

1. Como gastar bem?

O primeiro passo é seguir o que o versículo indica: sentar e calcular o preço de tudo aquilo que você quer gastar naquele mês para ver se o dinheiro vai dar. Você pode fazer isso numa planilha ou numa folha de papel, basta colocar em uma linha o quanto você tem disponível ou ganha e listar detalhadamente embaixo o quanto você quer gastar em cada área (moradia, alimentação, transporte, lazer etc.). Se a diferença for positiva, maravilha! Mas, se você notar que não vai dar, pode diminuir o gasto em alguma categoria ou tentar ganhar mais com uma renda extra.

2. Como guardar dinheiro?

É fácil entender a importância de poupar, o difícil é colocar em prática. Por isso, vou compartilhar uma sugestão que vai tornar esse hábito mais fácil: não espere o final do mês para poupar aquilo que sobra, guarde uma parte assim que o dinheiro entrar. A mentalidade correta é poupar primeiro e viver com o restante.

> Na casa do sábio há comida e azeite armazenados, mas o tolo devora tudo o que pode.
> (Provérbios 21.20 – NVI)

3. Seja generoso

Esse versículo expõe a natureza generosa de Deus. E na nossa caminhada cristã, devemos buscar nos tornar cada vez mais semelhantes ao nosso Criador. Logo, quando exercitamos a generosidade, além de cumprirmos esse propósito, estamos praticando uma vida abundante, em que nossos recursos não param em nós, mas alcançam outras pessoas.

É importante ressaltar que, na hora de seguir a primeira dica – de sentar e calcular seu custo de vida – você deve incluir a parte da generosidade para saber quanto, de fato, pode dar (aqui me refiro a valores além do dízimo).

> Porque Deus amou o mundo de tal maneira que deu o seu Filho unigênito, para que todo o que nele crê não pereça, mas tenha a vida eterna.
> (João 3.16)

Espero que essas dicas ajudem você a viver sua vida fincanceira em plenitude!

DICAS EXTRAS

BORA ORGANIZAR AINDA MAIS A SUA VIDA?

APONTE O SEU CELULAR PARA O QR CODE ACIMA OU ENTRE PELO SITE WWW.PLANNERMINHAJORNADA.COM E ACESSE CONTEÚDOS EXTRAS.

CORPO

de minha mãe.
14 Graças te dou, visto que por modo assombrosamente maravilhoso me formaste; as tuas obras são admiráveis, e a minha alma o sabe muito bem;

METANOIA E MUDANÇA DE HÁBITOS

A palavra *metanoia* parece simples, mas tem muito a nos ensinar. Esse substantivo feminino é derivado do grego e significa "transformação essencial de pensamento ou de caráter".[1]

Portanto, aqui, vamos falar sobre a mudança completa de mentalidade. Na Teologia, essa palavra é usada para descrever o que acontece com o Homem no processo de conversão, mediante o arrependimento. Mudamos a nossa mente quando deixamos de acreditar em alguma coisa e passamos a crer em outra. Só que isso não para no momento em que dizemos "sim" para Jesus. Pelo contrário, em 2 Coríntios 3.18, o apóstolo Paulo nos ensina que somos transformados de glória em glória, o que significa que há um processo gradual de reforma na vida de cada um de nós, envolvendo dedicação e comunhão com nosso Criador. Ao entendermos que as Escrituras não são apenas a nossa bússola espiritual, mas também o nosso manual de vida, que nos guia através de caminhos e escolhas, nossa perspectiva começa a ser ajustada de acordo com seus padrões, a fim de que sejamos verdadeiramente transformados.

> E todos nós, com o rosto descoberto, contemplando a glória do Senhor, somos transformados, de glória em glória, na sua própria imagem, como pelo Senhor, que é o Espírito.
> (2 Coríntios 3.18)

Porém, essa transformação de pensamento em relação às questões da alma e espírito também precisam transbordar para o nosso corpo e a maneira como lidamos com ele. Muitas vezes, tendemos a pensar que o corpo vale menos que a alma, mas isso é um grande erro. Se ambos foram criados por Deus, como poderia um valer menos que o

---

[1] METANOIA. *In*: DICIONÁRIO Michaelis *on-line*. São Paulo: Melhoramentos, 2020. Disponível em *http://michaelis.uol.com.br/busca?id=m8EV2*. Acesso em agosto de 2020.

outro? Nosso corpo, apesar de mortal, vale muito! Não fomos criados para viver sem um corpo, e isso é demonstrado em Adão e Eva, os quais eram dotados de um corpo assim como nós. Eles foram criados para a imortalidade, até que o pecado tomou conta do DNA da humanidade e os corpos físicos passaram a conhecer a morte. No entanto, eles não deixaram de ter valor, e é exatamente isso que tem sido negligenciado no "evangelicalismo".

Muitos pensam que não é necessário abordar esse assunto nos púlpitos ou em livros, mas é fundamental que falemos sobre a importância de prepararmos a nossa mente para deixar para trás os velhos hábitos que nos causam vícios, compulsões e outros malefícios, por exemplo. E, para isso, é necessário olharmos com mais afinco para Gálatas 5.22 e nos atentarmos ao fruto do Espírito, que inclui a temperança, ou seja, o domínio próprio.

O que Paulo nos diz sobre viver em glória crescente (2 Coríntios 3.18) define, entre outras coisas, a necessidade de nos rendermos à urgência de controlarmos as nossas atitudes e fazermos escolhas mais saudáveis e zelosas para esse corpo físico, que é templo do Espírito Santo.

3 PASSOS PARA FAZER ESCOLHAS MAIS SAUDÁVEIS:

1. Transformar a mente para que o corpo também seja mudado, afinal: "mente convencida, corpo agradecido";

2. Buscar a renovação pelo Espírito, para que tenhamos controle de nossas escolhas, não nos deixando levar pela glutonaria, vícios alimentares ou quaisquer que sejam os pecados que nos tentam a cada dia;

3. Buscar informações relevantes para a nossa vida e colocarmos cada uma delas em prática, com paciência, dedicação e fé.

HÁBITOS ALIMENTARES

Você já parou para pensar no quanto falamos sobre vida espiritual e acabamos nos esquecendo de dar a mesma atenção à nossa vida natural? Muitos têm se dedicado à oração e ao estudo da Palavra ao passo que destroem o seu corpo físico com maus hábitos, sedentarismo excessivo e vícios alimentares. Em Salmos 139.14, o salmista exalta Àquele que nos criou de maneira especial, pois Tudo que Ele cria é bom, e isso inclui a máquina perfeita chamada "corpo humano". Além disso, Salomão, em Eclesiastes 12.12, nos lembra de que a juventude e o vigor são passageiros, isto é, ninguém pode parar o tempo. Ele chega para todos e, quanto melhor cuidarmos do nosso corpo, mais saúde teremos para desfrutar das delícias do Senhor, ainda nesta Terra.

Ou seja, a dura realidade da nossa existência é: ou cuidamos da nossa saúde ou o médico cuidará por nós, com remédios e visitas excessivas ao consultório. O grande problema é que a nossa sociedade passou a achar normal se entupir de alimentos industrializados e lotados de açúcar, embaçando a nossa visão para o ônus por trás do consumo de cada um deles. E fato é que, se não entendermos a necessidade da mudança, ela não acontecerá.

Dessa forma, ainda que a nossa salvação não dependa dos nossos hábitos alimentares, a nossa saúde física está vinculada a eles; e quanto mais saudáveis estivermos, mais vigor teremos para servir ao Senhor. Afinal, qual é o propósito da existência humana senão adorar o Criador? Basta analisarmos Efésios 1.11 para entendermos a razão da nossa vida. Quer comamos, quer bebamos, façamos tudo para honra e glória do Senhor.

Seus hábitos têm glorificado o nome de Deus? O alimento que você consome nutre ou intoxica seu corpo? É importante que eu e você saibamos que não há problema em nos permitirmos comer alimentos que não se enquadrem na categoria "saudável" vez ou outra, desde que a exceção não se torne regra. O grande problema é que muitos não sabem a hora de parar, e até mesmo negligenciam a importância da mudança total de hábitos em prol de uma vida mais saudável.

Portanto, de forma bem prática e objetiva (e sem me atrever a exaurir o tema), deixo abaixo sete passos que lhe ajudarão na mudança de hábito:

O "porquê" importa mais que o "quando". Não adianta você começar hoje se ainda não entendeu o motivo e a necessidade de mudar, já que o corpo obedece a mente.

Abandone as desculpas. Elas nos levam à transferência de responsabilidade e ao vitimismo, assim como aconteceu com o primeiro casal no Éden.

Passe mais tempo lendo a Palavra de Deus e meditando na importância de cuidarmos deste valiosíssimo bem que recebemos da parte d'Ele: o corpo. Faça disso a sua motivação.

Um passo de cada vez. Somos transformados de glória em glória, dia após dia, então, não atropele as etapas e não se martirize caso você falhe.

Eduque-se acerca da alimentação saudável a partir de fontes confiáveis.

Volte ao básico. Muitas coisas foram inventadas pela indústria alimentícia e nem todas elas têm embasamento ou valor. O básico sempre funcionou muito bem.

Exerça o domínio próprio. Sabemos que ele é parte do fruto do Espírito, mas cabe a nós buscarmos colocá-lo em prática.

7 DICAS PRÁTICAS:

1. O "porquê" importa mais do que o "quando";

2. Abandone as desculpas;

3. Passe mais tempo lendo a Palavra de Deus;

4. Dê um passo de cada vez;

5. Eduque-se acerca da alimentação saudável;

6. Volte ao básico;

7. Exerça o domínio próprio.

ALIMENTOS VS. PENSAMENTOS

Vivemos em mundo conturbado, que jaz no maligno. Inclusive, Jesus nos alertou que aqui teríamos aflições, mas garantiu que poderíamos ter bom ânimo, pois n'Ele somos mais que vencedores. Por isso, existem recursos. Há soluções para a nossa falta de ânimo e nossos pensamentos pessimistas. E uma delas é utilizar as estratégias existentes na alimentação que podem nos direcionar para uma vida menos ansiosa, menos estressante e mais saudável. E isso não deveria nos surpreender, afinal quem é o Criador de todo o Universo, incluindo os alimentos que a Terra nos fornece?

A respeito disso, Hipócrates (460-370 a.C.) estava certíssimo quando disse: "que seu remédio seja seu alimento, e que seu alimento seja seu remédio".[1] Essas palavras foram proferidas há mais de 2400 anos, e cada vez mais a ciência nos mostra a relação direta entre aquilo que comemos e a prevenção ou o risco iminente de desenvolvermos doenças, incluindo a depressão.

O mesmo Hipócrates também disse que "todas as doenças começam no intestino".[2] E qual o sentido disso? O nosso intestino está ligado aos níveis de estresse e ao estado de ânimo. E por falar nesse órgão incrível, você sabia que ele é chamado de "o segundo cérebro"? Fantástico, não? Somente um Deus como o nosso poderia criar algo tão perfeito e sublime como o corpo humano.

Pois bem, através desse breve artigo, quero chamar sua atenção para a importância de cuidar da saúde intestinal, uma vez que esse órgão é o principal produtor de serotonina no nosso corpo – cerca de 90% desse hormônio neurotransmissor, "mensageiro" do sistema nervoso, é produzido pelo intestino. A serotonina atua no corpo de forma global, controlando nossas emoções, influenciando nossas habilidades motoras, além de trabalhar no processo digestivo e no fluxo sanguíneo.

---

[1] Essa frase de Hipócrates, considerado o pai da medicina, é comumente utilizada na área de Nutrição e em estudos acadêmicos sobre esse assunto, como: COZZOLINO, Silvia. **Nutracêuticos: o que significam?** ABESO (Associação Brasileira para o estudo da Obesidade e da Síndrome Metabólica). Ed. 55. pp. 5, 2012.

[2] Assim como a anterior, essa frase de Hipócrates também é normalmente utilizada na área da Nutrição e em estudos sobre esse assunto. Um exemplo é a matéria **Intestino: o centro da saúde**, publicada pela *Revista Portal Saúde*. Disponível em *https://bityli.com/fkBCp*. Acesso em agosto de 2020.

Além disso, dentro do nosso intestino, encontram-se trilhões de micro-organismos que formam o nosso microbioma, e uma microbiota saudável auxilia diversas funções do nosso corpo, entre elas a imunidade e o metabolismo.

As bactérias boas presentes em nosso intestino são responsáveis por produzir nutrientes, vitaminas e outras substâncias que agem de forma local ou em outras partes do nosso organismo. O que é mais incrível nesse fato é que até mesmo o sistema nervoso é influenciado por elas. Uma microbiota desequilibrada pode deixar de produzir benefícios, o que reflete até mesmo em nossa saúde mental. Ou seja, existe um eixo chamado de intestino-microbiota-cérebro.[3] Portanto, devemos tratar o nosso intestino com mais zelo e cuidar dele com mais afinco.

---

[3] GERSHON, Michael. **O segundo cérebro.** Rio de Janeiro: Editora Campus, 2000.

Mais informações na matéria **Advances in Enteric Neurobiology: The "Brain" in the Gut in Health and Disease** publicada por *The Journal of Neuroscience* em 31 de outubro de 2018. Disponível em *https://www.jneurosci.org/content/38/44/9346*. Acesso em agosto de 2020. Também na matéria **Intestino: o segundo cérebro,** publicada por *Sul-América Saúde Ativa*. Disponível em *http://painel.programasaudeativa.com.br/materias/saude-e-bem-estar/intestino*. Acesso em agosto de 2020.

---

6 DICAS ALIMENTARES:

1. Manter uma dieta rica em fibras;

2. Ingerir alimentos ricos em probióticos (iogurte natural, kefir, kombucha etc.);

3. Beber bastante água;

4. Ingerir alimentos ricos em triptofano, que é o precursor da serotonina (alguns exemplos de fontes de triptofano são: aveia, banana e amêndoas);

5. Evitar alimentos processados, enlatados e embutidos;

6. Focar em uma dieta rica em alimentos naturais e integrais.

RECEITAS PARA TODA HORA

Sejamos sinceras, todas nós pisamos na jaca quando bate aquele desejo, não? Quando isso acontece, dizem que o melhor remédio é a previsão. Por isso, confesso que, muitas vezes, até deixo alguns docinhos que considero mais saudáveis prontos na minha geladeira, ou em algum lugar da cozinha, exatamente para esses momentos.

No caso, são duas receitas simples que amo fazer. Espero que estas indicações ajudem vocês como têm funcionado para mim. Mas lembrem-se de consumir com moderação!

Agora, é importante enfatizar que estou compartilhando com vocês receitas que gosto de fazer. Elas não necessariamente trarão algum benefício à sua saúde. Para mudar a alimentação em prol de seu bem-estar, consulte um médico. Beijão!

PUDIM DE CHIA[1]

Ingredientes:

- 6 colheres de leite (geralmente uso o de amêndoas);
- 2 colheres de chia;
- ½ colher de melado de agave (pode ser substituído por xarope de bordo, mel, ou açúcar líquido);
- ½ colher de essência de baunilha.

Preparo:

1. Misture bem todos os ingredientes e acrescente as frutas que quiser, como morango, banana, ou amora, por exemplo.
2. Deixe gelar por algumas horas e adicione granola a gosto. Pronto! (Recomendo que fique na geladeira por pelo menos umas 4 horas).

Dica: Faça essa mistura sem as frutas na noite anterior e coloque na geladeira em um potinho com tampa. No dia seguinte, ao acordar, é só adicionar frutas cortadas e granola. Assim, você terá um café da manhã prontinho e supernutritivo.

---

[1] Receita retirada do canal Sarahs Day, publicada em 2 de outubro de 2019. Disponível em *https://www.youtube.com/watch?v=ip9tOazjcEU&feature=youtu.be* (minutos 3:02-5:11). Acesso em agosto de 2020.

BROWNIE DE ABOBRINHA[2]

Ingredientes:

- 1 abobrinha (do tipo *zucchini*) bem ralada;
- 2 xícaras de aveia em pó;
- 1 e ½ xícara de açúcar (costumo usar o de coco);
- ½ xícara de óleo de coco derretido;
- ¼ xícara de cacau em pó;
- 1 colher de chá rasa de bicarbonato de sódio;
- 1 colher de chá de sal;
- 2 colheres de chá de extrato de baunilha;
- 1 xícara de chocolate em pedaços (pode usar chocolate vegano, se tiver).

Preparo:

1. Preaqueça o forno a 180ºC.
2. Misture bem a aveia em pó, o açúcar e o óleo.
3. Adicione a abobrinha ralada, cacau, bicarbonato de sódio, sal e baunilha.
4. Bata tudo muito bem – muito bem, mesmo. Se tiver uma batedeira elétrica, aproveite para usá-la.
5. Misture levemente gotas de chocolate à massa.
6. Transfira a massa para uma forma untada com óleo de coco (ou manteiga) ou use papel manteiga.
7. Se desejar, jogue mais um pouco de gotas de chocolate por cima da massa.
8. Coloque no forno preaquecido por 28 a 32 minutos e pronto!

Observação: Você pode substituir a aveia pelo trigo, se preferir. No entanto, o resultado vai ficar um pouco mais parecido com um bolo.

Preciso enfatizar: misture muito bem a massa!

O *brownie* vai ficar mais bonito se você esperá-lo esfriar completamente para depois cortá-lo em quadradinhos.

---

[2] Receita retirada do site Feel Good Foodie, publicada em 17 de maio de 2020. Disponível em *https://feelgoodfoodie.net/recipe/zucchini-brownies/*. Acesso em agosto de 2020.

VISTA-SE DE VOCÊ

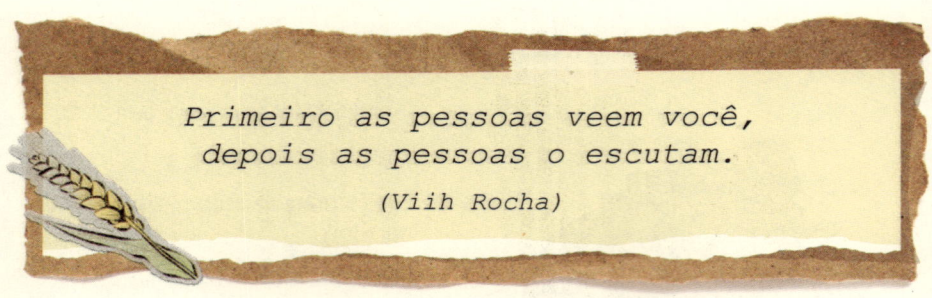

Primeiro as pessoas veem você, depois as pessoas o escutam.

(Viih Rocha)

Diariamente, recebo mensagens de mulheres insatisfeitas com sua imagem, com a impressão que estão passando delas mesmas. Isso me faz entender que, se a forma como as pessoas se vestem realmente não atingisse tanto sua autoestima, eu não receberia tantos pedidos de ajuda. São mulheres que se sentem inadequadas, que não conseguem refletir aquilo que são por dentro. Por isso, saiba que Deus entregou esse instrumento a mim e a você para podermos revelar, através da moda também, quem somos. Então, que a nossa aparência seja reflexo do nosso coração alegre e mostre, inclusive, nossa excelência.

Sendo assim, quero lhe dar dicas práticas de como se vestir bem, com facilidade. Primeiramente, você precisa saber qual é o seu estilo. Isso ajudará muito em suas escolhas e na construção do seu guarda-roupa.

Existe uma teoria que nos conta sobre sete estilos universais e, dentro deles, geralmente, há um predominante e dois complementares. São eles: natural esportivo, clássico, contemporâneo, romântico, *sexy*, dramático urbano e criativo.[1]

Na *internet*, há diversos artigos que podem ajudar você a reconhecer quais são esses estilos e com quais você se identifica. Acredite, mesmo não querendo, você está transmitindo uma mensagem por meio de suas roupas; logo, é bom que saiba qual é essa mensagem e, acima de tudo, que ela tem de ser condizente com a mulher que você é.

---

[1] **Dia da mulher: Famosas mostram 7 estilos universais da moda.** Publicado por *Terra* em 8 de março de 2020. Disponível em https://www.terra.com.br/vida-e-estilo/moda/elas-no-tapete-vermelho/dia-da-mulher-famosas-mostram-7-estilos-universais-da-moda,becaf6fa22be8424c94e542b2b3643fffnk5t9qt.html. Acesso em agosto de 2020.

Viih Rocha

Além de saber qual é o seu estilo, também existem outros passos práticos para fazer escolhas conscientes, como saber qual é a sua rotina e listar peças que se encaixem nos ambientes que você frequenta, por exemplo. Se você trabalha em um escritório mais formal, provavelmente vai precisar de roupas mais alinhadas. Então, ter uma boa peça, com um bom corte, vai facilitar sua vida e seu bolso.

Portanto, quero listar aqui dez peças que podem compor um guarda-roupa inteligente, com roupas que combinem entre si e se adequem a diversas situações, desde as mais casuais até as mais formais: Uma camisa branca; uma calça jeans com modelagem que valorize seu corpo; um blazer em cor neutra com corte excelente; um vestido preto; uma jaqueta ou camisa jeans; uma *T-shirt* básica; um moletom; uma saia *midi*; um tênis branco e um *scarpin* preto.

Lembre-se de que tons neutros facilitam a vida, mas você pode adaptar isso ao seu estilo e aos seus gostos. Pronto! Com essas peças não tão marcantes você conseguirá montar diversas produções.

Porém, lembre-se: acima da moda, de tendências e da opinião alheia, está você. Transmita a essência de quem você é através das suas roupas e veja a mulher poderosa e confiante que existe aí dentro.

5 DICAS PRÁTICAS:

1. Diariamente, declare coisas incríveis sobre você;

2. Descubra seu estilo;

3. Analise se suas peças condizem com seu estilo de vida;

4. Monte *looks* nas suas horas vagas com suas roupas;

5. Faça uma lista de peças essenciais que você ainda não tem e vá atrás delas.

DICAS EXTRAS

VOCÊ ACHAVA QUE TINHA ACABADO POR AQUI?

APONTE O SEU CELULAR PARA O QR CODE ACIMA OU ENTRE PELO *SITE* WWW.PLANNERMINHAJORNADA.COM E ACESSE CONTEÚDOS EXTRAS.

ALMA

Salmo de Davi
103 Bendize, ó minha alma, ao SENHOR, e tudo o que há em mim bendiga ao seu santo nome.
2 Bendize, ó minha alma,

SAÚDE EMOCIONAL

Muito se fala, hoje em dia, sobre a importância de cuidarmos da nossa saúde emocional. Eu, como psicóloga, fico superfeliz em ver o interesse por esse tema crescendo, e as pessoas valorizando cada vez mais o autocuidado emocional.

Mas, afinal, o que é **saúde emocional**? Gosto de explicar de uma forma bem simples: ela nada mais é do que a **habilidade para lidar com as nossas emoções e pensamentos**.

Com isso em mente, reflita sobre as seguintes perguntas:

- Como você costuma lidar com as suas emoções?
- O que você faz quando sente alguma emoção desconfortável?
- Como você encara os pensamentos negativos que aparecem na sua mente?

Geralmente, existem dois tipos de comportamentos que exemplificam bem como NÃO lidar com os sentimentos: evitar e suprimir as próprias emoções; ou exagerar e se afundar nelas – pessoas que se comportam assim podem ser conhecidas como "racionais demais" e "sentimentais", respectivamente. As "racionais demais" tendem a ignorar e esconder o que sentem, enquanto as "sentimentais" podem acabar perdendo a perspectiva e entrando em um círculo vicioso de emoções.

Você já deve imaginar que nenhuma dessas duas formas é saudável ou produz uma boa saúde emocional. Padrões como esses, descritos acima, podem levar a quadros mais sérios, chegando até à depressão e ansiedade. Aí está a importância de saber gerenciar suas emoções. E para aprender a fazer isso, é preciso entender como a sua mente funciona. Vou lhe explicar de uma forma bem breve, garanto que vai ajudar muito.

Basicamente, você precisa entender que tudo o que você **pensa** (ou seja, a forma como interpreta as situações) determina a maneira como você irá se **sentir**, e isso influenciará seu **comportamento**. Então, quando algo acontece na sua vida, é a sua interpretação da realidade que dirá se aquilo lhe fará sofrer ou crescer – você escolhe. O esquema ao lado exemplifica melhor:

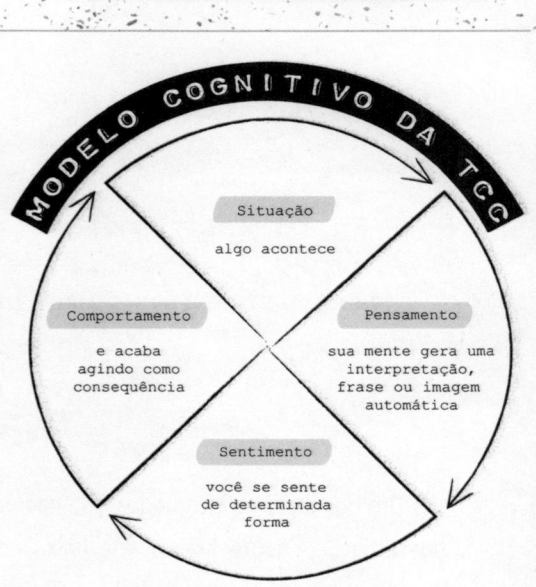

MODELO COGNITIVO DA TCC

- Situação: algo acontece
- Pensamento: sua mente gera uma interpretação, frase ou imagem automática
- Sentimento: você se sente de determinada forma
- Comportamento: e acaba agindo como consequência

Baseado nisso, gostaria de sugerir algumas atitudes bem práticas de exercitar e desenvolver a inteligência emocional.

1. Saia do piloto automático da vida e comece a prestar mais atenção no que você pensa e sente ao longo do dia.

2. Busque reconhecer e nomear o que está sentindo (medo, frustração, ansiedade etc.) e perceber qual foi a situação que iniciou esse sentimento.

3. Reflita a respeito de como você está interpretando/pensando sobre essa situação que a está levando a se sentir assim.

4. Questione a si mesma se existe uma outra maneira mais leve e mais realista de enxergar essa circunstância.

5. Escolha conscientemente e intencionalmente pensar de um modo que resulte em ações mais maduras e saudáveis. Inclusive, escrever esses novos pensamentos pode ajudar.

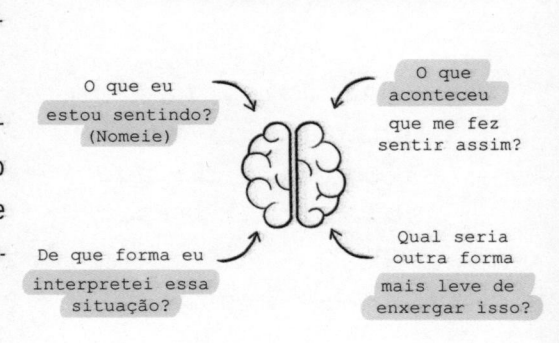

MAPA DO EQUILÍBRIO EMOCIONAL

- O que eu estou sentindo? (Nomeie)
- O que aconteceu que me fez sentir assim?
- De que forma eu interpretei essa situação?
- Qual seria outra forma mais leve de enxergar isso?

AMOR-PRÓPRIO

> *Eu te louvo porque me fizeste de modo especial e admirável. Tuas obras são maravilhosas! Digo isso com convicção.*
>
> *(Salmos 139.14 – NVI)*

Um dos maiores incômodos que nós mulheres enfrentamos é o problema com a autoestima. Seja negra, branca, alta, baixa e de todas as formas, cada mulher tem ou já teve alguma questão relacionada a isso em sua vida, não é?

Mas uma coisa é certa: não conquistamos o amor-próprio de um dia para o outro. Trata-se de um processo e, para isso, primeiramente precisamos nos conhecer e entender como somos. O autoconhecimento é o primeiro passo para ter o amor-próprio verdadeiro, pois não há como amar a nós mesmas sem compreender que a forma e os traços que Deus nos deu são especiais e maravilhosos. Em segundo lugar, é necessário aceitarmos que nós somos filhas de Deus e que Ele nos fez únicas, logo, a nossa beleza é totalmente diferente da de outras pessoas.

Assim, o amor-próprio começa quando você para de se comparar e aceita a forma como Deus a fez. Esse tipo de amor inclui cuidar de si mesma, respeitar-se e entender seu verdadeiro valor.

> *Portanto, não tenham medo; vocês valem mais do que muitos pardais.*
>
> *(Mateus 10.31 – NVI)*

No entanto, precisamos saber colocar o amor-próprio em seu devido lugar. Deus é perfeito e faz tudo certo, então não devemos nos considerar como principais em tudo, mas, sim, o Senhor! A respeito disso, a Palavra de Deus diz: "Ame o Senhor, seu Deus, de todo o seu coração [...]" (Marcos

12.30); e também: "Ame o seu próximo como você ama a si mesmo" (Marcos 12.31). Isso significa que devemos amar a Deus em primeiro lugar, pois foi Ele quem nos criou; em seguida, amar a nós mesmas. Afinal, como iremos amar o outro se não nos amamos?

Dentro disso, é importante entendermos que a principal qualidade de Deus é amar sem egoísmo, isso quer dizer que fomos feitas para compartilhar com outras pessoas esse mesmo amor que vem d'Ele. Valorizar a si mesma é importante, mas somos muito mais felizes quando amamos a Deus em primeiro lugar e nos concentramos em fazer coisas boas para o próximo. É por isso que a Bíblia diz: "Há maior felicidade em dar do que em receber" (Atos 20.35 – NVI).

Em síntese, amor-próprio é entender que somos lindas da forma que Deus nos fez, e saber disso sem diminuir ninguém. Depois que temos convicção de onde viemos e de Quem somos filhas, percebemos que o Amor nos amou primeiro. Agora é a nossa vez de espalharmos o amor de Deus pelo mundo, a começar por nós mesmas.

5 DICAS PARA PRATICAR O AMOR-PRÓPRIO:

1. Entenda que você é obra de Deus e que tudo o que Ele faz é maravilhoso;

2. Cuide do seu corpo, mente e alma;

3. Não se compare, pois quem cai na comparação já está perdendo;

4. Conheça a si mesma (de Quem você é filha?);

5. Elogie-se sem pensar em outras pessoas, tenha em mente suas próprias qualidades.

LIDANDO COM CRÍTICAS

> *Não fui eu que ordenei a você? Seja forte e corajoso! Não se apavore nem desanime, pois o Senhor, o seu Deus, estará com você por onde você andar.*
>
> (Josué 1.9 – NVI)

Se você já recebeu duras críticas, sabe bem qual é a sensação. Dá vontade de parar, largar tudo e comprar uma passagem só de ida para um lugar onde não exista a opinião alheia. Nos tempos atuais, é praticamente impossível fugir dos críticos, principalmente nas redes sociais. A princípio, elas são ferramentas poderosas para propagar de tudo, desde o Evangelho de Cristo, trocas de experiências entre mães, dicas úteis, vídeos fofos de gatos, até *memes* engraçados do tipo "cabeleleila leila". Por outro lado, a tecnologia e as mídias sociais também viraram o refúgio dos covardes, que digitam todas as palavras que jamais teriam coragem de falar cara a cara.

Então, se você já recebeu alguma crítica por lá, bem-vinda ao clube. Mas a verdade é: seja na *internet*, no trabalho, na igreja onde você congrega ou na sua família, sempre haverá pessoas ligeiras em criticar. Elas questionarão seu caráter, suas intenções e, se você vacilar, se pegará acreditando nessas mentiras e pensando: "Será que eles estão certos sobre mim? Será que eu sou assim? Eu devo mesmo parar? Eu deveria mudar meu jeito de ser?". Não caia nessa cilada, minha amiga.

Mas, então, o que fazer para fugir dos críticos e manter a saúde mental em dia? Eu tenho uma boa e uma má notícia. A má é que não é possível fugir (não me bata ainda. Calma, amiga!). Já a boa é que você pode encará-los de frente. Isso mesmo: você não fugirá dos críticos, eles fugirão de você. Sabe qual será a maior frustração daqueles que tentam tanto colocar você para baixo? Vê-la inabalável.

No entanto, se você estiver abalada, minha amiga, esta é a hora de correr para Jesus e relembrar quem você é n'Ele. Nada de fazer textão ou de tentar se explicar. Uma mulher que tem convicção de Quem a chamou não se ofende nem se defende, pois sabe que Jesus levou sobre Si todas as ofensas na cruz. Apenas traga à memória Quem criou você e ordenou: "seja forte e corajosa! Eu estarei com você onde estiver!". Se o Senhor a levantou, Ele vai sustentá-la. Os críticos que lutem.

Pensando nisso, aqui estão algumas dicas para lhe ajudar a lidar com as críticas:

Respire fundo. Escreva lembretes para você mesma e espalhe pela sua casa. Anote versículos que a recordem de Quem a criou para ser como você é. A voz d'Ele está acima de qualquer outra voz.

Antes de dar ouvidos às críticas, analise o crítico. Olhe bem essa pessoa e questione: ela tem autoridade sobre a minha vida? A vida dela é uma referência para mim? Essas palavras que me foram ditas combinam com um porta-voz de Deus?

Não seja orgulhosa. Alguns "críticos" realmente querem o seu bem. É importante que você tenha por perto pessoas de confiança que possam falar abertamente quando você errar.

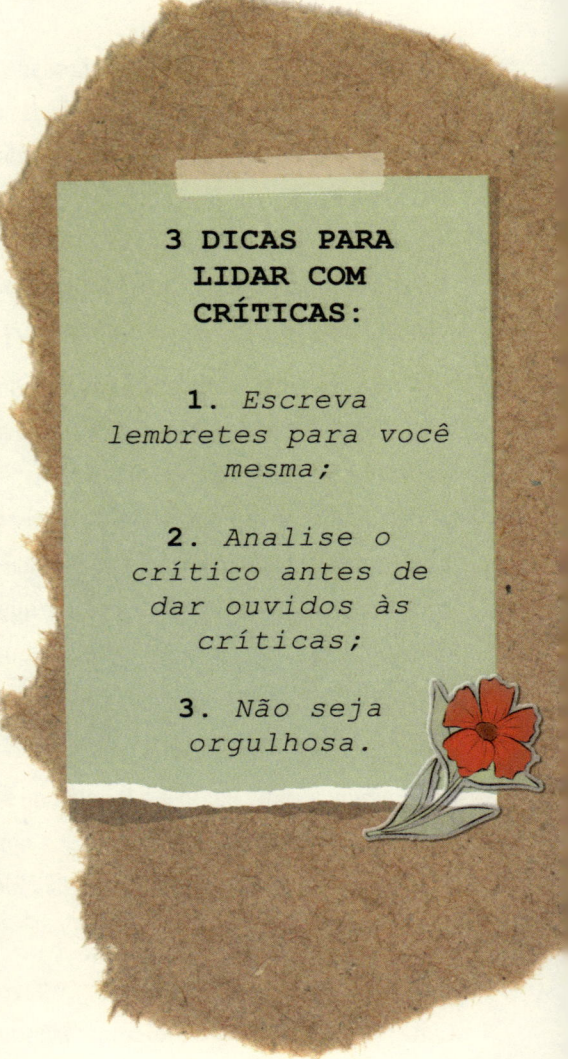

3 DICAS PARA LIDAR COM CRÍTICAS:

1. Escreva lembretes para você mesma;

2. Analise o crítico antes de dar ouvidos às críticas;

3. Não seja orgulhosa.

AUTOESTIMA E COMPARAÇÃO

> *Eu te louvo porque me fizeste de modo especial e admirável[...]*
> *(Salmos 139.14 — NVI)*

Nunca a comparação foi tão abordada quanto é hoje. Vemos por aí uma geração de mulheres insatisfeitas, medindo suas vidas e suas realidades de acordo com a de outros. Talvez você já tenha se flagrado comparando seu corpo ao de outra mulher na academia; ou, se você é mãe, pode ser que tenha se perguntado: "Por que meu filhinho ainda não está andando se o da fulana já está correndo?" ou "Por que o marido da minha amiga é tão fofo e o meu parece o Shrek?". Minha querida, não se compare. Não cometa tamanha injustiça consigo mesma. Nós somos únicas.

Mas por que, ainda assim, nós nos comparamos? Isso ocorre porque não entendemos verdadeiramente o nosso valor e esquecemos quem somos em Deus. Muitas vezes, preferimos acreditar nas mentiras de Satanás em vez de crer nas verdades do nosso Pai Celestial sobre nós. Choramos pelo que nos falta enquanto deveríamos estar celebrando o que temos em abundância. Passamos mais tempo focando em nossos defeitos do que admirando nossas qualidades. É por isso que, quando nos comparamos, tendemos a nos diminuir. Logo, a comparação afeta diretamente a forma como nos enxergamos e, consequentemente, abala nossa autoestima. É duro quando aquela imagem que vemos no espelho já não condiz com a verdade de que somos filhas amadas de Deus.

Assim, a comparação é a inimiga do amor-próprio; e desenvolver amor-próprio é semelhante a elogiar um pintor por sua obra de arte. Então, quando você não se ama, e o tempo todo se autodeprecia, está falando, ainda que inconscientemente, ao grande Artista do Universo: "Deus, você errou quando me fez".

Precisamos entender que sempre haverá pessoas que têm mais do que nós, assim como também existirão aqueles que possuem menos do que nós. Mas o segredo está

Fabiola Melo e Viih Rocha

naquela frase popular que diz: "A gratidão torna o que temos suficiente". Não que seja errado almejar mais do que o que você possui agora, mas ter um coração grato é encontrar contentamento apesar das circunstâncias, e é isso que a levará a conquistar mais e mais.

Ou seja, se você não for grata pelo que tem e é, sempre achará que a grama do vizinho é mais verde do que a sua, pois é a gratidão que nos motiva a regar a nossa própria grama. Isso significa que, quando você for grata pelo seu corpo, é aí que desejará cuidar dele. Quando for grata pelo seu marido, será a melhor esposa que ele pode ter; e ele, consequentemente, desejará retribuir sendo o melhor marido que você poderia desejar. Ao ser grata pelos seus filhos, você conseguirá criá-los para o propósito que Deus tem na vida deles. E por aí vai. Então, coloque um ponto-final na comparação. Deus a ama e tem o melhor para você. O Senhor cura a sua autoestima enquanto você entende que Ele não apenas nos ama igualmente, mas também unicamente!

> **4 PASSOS PRÁTICOS PARA VOCÊ INSERIR NA SUA ROTINA**
>
> **1.** Declare todos os dias versículos-chave que a lembrem do quanto é amada;
>
> **2.** Celebre suas conquistas, sejam elas grandes ou pequenas;
>
> **3.** Peça a Deus para revelar os detalhes sobre quem você é para Ele. Assim, saberá o quanto você é única, porque ouviu isso da boca do seu próprio Criador;
>
> **4.** Quando começar a se comparar, lembre-se das coisas que você ouviu de Deus a seu respeito e declare-as sobre você mesma.

VALE A PENA SONHAR GRANDE

> *"Porque sou eu que conheço os planos que tenho para vocês", diz o Senhor, "planos de fazê-los prosperar e não de causar dano, planos de dar a vocês esperança e um futuro".*
> (Jeremias 29.11 – NVI)

Os sonhos nos motivam a prosseguir e nos fazem acreditar em um futuro melhor. Porém, às vezes, as circunstâncias e a realidade em que estamos vivendo nos fazem desanimar e parar de acreditar naquilo que tanto sonhamos. No entanto, na própria Bíblia, existem vários exemplos de homens de Deus que mostraram o quanto vale a pena sonhar grande.

José era um deles, ele teve sonhos fora da sua realidade, pois estava aberto ao que Deus colocava no seu coração. Mesmo em meio a tudo que passou, no poço ou na prisão, ele se permitiu sonhar. Agora, imagine você o que faria se não tivesse medo de sonhar? Essa, sim, é a vida que Deus planejou para você. Então, permita-se sonhar, pois isso nos faz enxergar além das possibilidades. Creia que o que o Senhor tem para sua vida é grande, e que Ele irá cumprir.

Entretanto, fato é que, muitas vezes, as circunstâncias não nos favorecem. Mas, ainda assim, nossa fé não pode ser abalada, e a força e a garra que temos para correr atrás dos nossos sonhos não podem acabar. Isso, porque precisamos colocar sempre nossa confiança em Deus, pois "Deus não é homem, para que minta; nem filho de homem, para que se arrependa. Porventura, tendo ele prometido, não o fará? Ou, tendo falado, não o cumprirá?" (Números 23.19 – ARA). Isso significa que as pessoas podem até não acreditar nos nossos sonhos, mas Deus não falha naquilo que promete. Assim, quando estamos em sintonia com a Sua vontade, colocando as nossas vidas em Suas

Juliana Luziê e Fernanda Witwytzky

mãos, podemos estar seguros de que os sonhos que temos vêm do coração de Deus; basta ter fé e coragem para permitir que eles nos movam e sejam concretizados.

Contudo, assim como José teve de vencer o medo quando se viu no escuro dentro de uma cisterna, às vezes, quando o medo toma conta de nós, perdemos o foco. Mas, nesse momento, o que nos faz voltar à verdade é olhar para o Senhor e ter a certeza de que Seus sonhos para nós se realizarão. Deus está no controle da situação; por isso, coloque-O sempre no centro da sua vida. Se você deixar o Criador guiar seus passos, Ele vai abençoá-la. Inclusive, há um dito popular que diz que "Deus escreve certo por linhas tortas", certo? Errado! Ele sabe exatamente como conduzir seus sonhos. Aliás, Deus também é um sonhador e faz de tudo para abençoar Seus filhos.

Então, seguem algumas dicas práticas para você perder o medo de sonhar grande e aprender a colocar todas as suas expectativas e sua confiança em Deus:

5 DICAS PRÁTICAS:

1. Crie o hábito de orar pelos seus sonhos. Não só para pedir, mas também para agradecer pelo que virá;

2. Quando você se sentir desanimada diante do fato de ainda não conseguir realizar um sonho, encha sua mente de coisas que lhe trazem esperança (Lamentações 3.21);

3. Escreva em um papel os seus três maiores sonhos; logo em seguida, coloque cada um deles diante do Senhor;

4. Alinhe seus sonhos com os de Deus, colocando em prática uma vida de devocional, busca e oração;

5. Identifique os medos que a impedem de sonhar. Então, comece a encher seus pensamentos de verdades e promessas de Deus para sua vida. Não deixe o medo paralisar você (1 João 4.18)!

MEDO E ANSIEDADE

Hoje em dia, o assunto "medo e ansiedade" já não é mais tabu como foi no passado. E fico muito feliz por isso. Temos bastantes estudos acerca do tema sendo realizados. Há palestras, livros, vídeos na *internet*, profissionais engajados e diálogos acontecendo entre pessoas face a face. Mas a verdade é que, em meio a tantas fontes, podemos nos sentir sobrecarregadas de informação e até mesmo esbarrar em contradições, que podem nos causar ainda mais ansiedade! Por isso, acredito que seja essencial basearmos nosso pensamento a respeito disso principalmente na Palavra de Deus.

Sem dúvida, o nosso Criador entende muito bem do assunto, já que Ele criou cada ser na face da Terra, as emoções e o cérebro humano. Além disso, Jesus Se tornou carne e experimentou a amargura e o estresse que se encontram neste mundo. Ele lutou contra todo tipo de opressão e até derrotou o Inferno por nós. Não somente isso, foi também vitorioso em meio a todo o caos presente neste mundo. Sendo assim, independentemente da nossa saúde mental, traumas e receios, saiba que Deus é bom, e o Seu amor por nós é incondicional! Sim, Ele tem um amor incomparável por cada parte de você – do seu dedinho do pé até o lugar mais profundo do seu coração. Mesmo quando você não se sente amada, quando está ansiosa ou com medo, Deus a conhece, vê você e a ama.

Às vezes, não conseguimos identificar de onde surgem em nós a ansiedade e o medo. Além do mais, cada caso é um caso. No entanto, sentir medo ou ansiedade por longos períodos não somente é prejudicial à nossa saúde como também não é a vontade de Deus! É por isso que Jesus diz em João 14.27:

> Deixo com vocês a paz, a minha paz lhes dou; não lhes dou a paz como o mundo a dá. Que o coração de vocês não fique angustiado nem com medo.
> (João 14.27)

Priscilla Subirá

A Bíblia está cheia de versículos como esse, recheados de verdades e esperança nessa área. Aliás, no final deste texto deixarei uma lista de referências preparada para você meditar neste assunto. O desejo de Deus é que você viva na Sua plenitude, livre das cadeias deste mundo.

Não sei o seu histórico nesta área, mas sei que cada ser humano encara o medo e a ansiedade uma hora ou outra. O tempo e a intensidade variam de acordo com cada pessoa, mas todos nós conhecemos a angústia e o desconforto desses sentimentos; principalmente quando nos encontramos em meio a uma crise. Nesse sentido, creio que seja importantíssimo lembrarmos primeiramente que as crises não nos definem. Se já entregamos a nossa vida ao Senhor, é Ele que afirma quem nós somos. Ele deve ser a nossa fonte e nossa fortaleza em cada área de nossas vidas, inclusive nesta.

Agora, dedique alguns minutos para refletir sobre esses versículos ao lado. Eu a encorajo a escolher seu favorito e meditar nele todos os dias durante este mês:

VERSÍCULOS PARA MEDITAR:

1 PEDRO 5.7;

MATEUS 6.31-34;

MATEUS 6.26-28;

FILIPENSES 4.6-8;

MATEUS 6.27;

MATEUS 11.28-30;

SALMOS 94.19;

SALMOS 121.1-2;

SALMOS 56.3;

SALMOS 23.4;

ISAÍAS 41.10;

HEBREUS 13.6;

APOCALIPSE 21.4;

JOSUÉ 1.9;

ROMANOS 8.15.

RELACIONAMENTOS

Quer presente maior do que ter pessoas com quem possamos caminhar lado a lado? No início da Bíblia, em Gênesis 2.18, Deus logo nos diz que: "[...] não é bom que o homem esteja só". Desde a fundação do mundo, o Senhor nos criou para nos relacionarmos uns com os outros. Porém, junto com a queda da humanidade, veio o pecado, a discórdia e vários empecilhos em nossas relações. Por isso, mantê-las saudáveis em um mundo caído é, com certeza, um grande desafio.

Entretanto, com o exemplo de Jesus, podemos aprender muito a respeito de como deve ser o nosso relacionamento com o próximo. Ele nos ensina sobre o perdão, sobre o serviço, sobre amar o outro como a nós mesmos, entre vários outros exemplos apontados na Bíblia. Então, é conhecendo mais a Cristo e refletindo quem Ele é que podemos nos relacionar melhor com as pessoas.

Outro princípio sobre relacionamento que também podemos aprender é que, por mais que vivamos hoje em um mundo "conectado" com diversas pessoas ao mesmo tempo, dedicar nosso tempo para poucas e boas amizades é muito saudável. O próprio Jesus nos ensina isso em sua passagem pela Terra. Cada um dos evangelhos na Bíblia nos mostra que, mesmo que Ele atendesse a milhares de pessoas, tinha os Seus doze discípulos, com quem andava bem de perto. Entre esses doze, ainda havia os dois mais próximos: Pedro e João. Sendo assim, Cristo ensina que devemos priorizar alguns relacionamentos. Logo, entendemos que é apenas com algumas pessoas que nos abriremos, que dividiremos nossas vidas e que compartilharemos dores, alegrias e orações. Ao priorizarmos os relacionamentos certos e nos esforçarmos para aprofundá-los, colheremos frutos de conexões profundas e verdadeiras com as pessoas à nossa volta.

Por outro lado, alguns relacionamentos também podem nos aprisionar, em vez de impulsionar. E, muitas vezes, isso parte das pessoas que mais nos amam – não por maldade, mas por impulso, defesa, senso de proteção ou até mesmo egoísmo. Essa pessoa pode ser seu pai, sua irmã, sua mãe, seu marido... Mesmo na melhor das intenções, quando ele ou ela pensa estar nos fazendo bem, pode, na verdade, estar nos paralisando.

Fernanda Witwytzky e Viih Rocha

Exemplo disso são algumas mulheres que, mesmo estando aptas para seguir suas vidas e construir suas próprias famílias, entregam-se ao medo e não dão passos rumo ao seu próprio destino, pois não tiveram referenciais saudáveis na sua família de origem. Suas referências se tornaram um exemplo negativo para muitas delas. Outro exemplo é: se seus pais são emocionalmente dependentes de você, não têm companheiros ou amigos, ou possuem um forte cordão umbilical preso à sua vida, eles tendem a tentar mantê-la no mesmo lugar para que não fiquem sozinhos.

Por esses motivos, sabemos o quão duro isso é, mas é importante certificar-se de que você está tomando as rédeas da sua própria vida e cuidando dos seus relacionamentos pessoais, tornando-os saudáveis. Portanto, fique atenta com aquela amiga que não quer vê-la alçar voo, pois ela ainda não entendeu que a sua história é diferente da dela, ou até mesmo com filhos, pais e outros familiares. Em contrapartida, analise suas relações e veja se você também não está sendo egoísta.

A nossa oração deve ser no sentido de que os nossos relacionamentos reflitam Jesus. Que as nossas amizades, casamentos, namoros e todo tipo de relação seja parte do estabelecimento do Reino dos Céus nesta Terra. Que, ao falar, abraçar, orar, caminhar junto e ouvir, possamos nos fortalecer como Corpo de Cristo.

3 DICAS PARA CUIDAR DE SEUS RELACIONAMENTOS:

1. Se existe alguém que você precise perdoar ou pedir perdão, ore por isso e dê esse passo hoje!

2. Saiba priorizar as pessoas com quem você irá caminhar. Dedique parte do seu tempo a elas e as honre com a sua amizade.

3. Escreva cinco características de Jesus e perceba se você possui alguma dessas qualidades em seus relacionamentos.

DICAS EXTRAS

VAMOS, JUNTAS, MAIS FUNDO NESTE ASSUNTO?

APONTE O SEU CELULAR PARA O QR CODE ACIMA OU ENTRE PELO SITE WWW.PLANNERMINHAJORNADA.COM E ACESSE CONTEÚDOS EXTRAS.

ESPÍRITO

ti pela imposição das minhas mãos. ⁷Porque Deus não nos tem dado espírito de covardia, mas de poder, de amor e de moderação. ⁸Não te envergonhes, portanto, do testemunho de nosso Senhor, nem

DEVOCIONAL

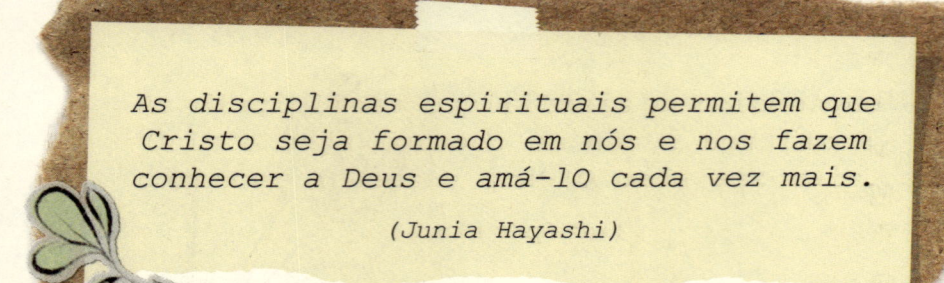

> *As disciplinas espirituais permitem que Cristo seja formado em nós e nos fazem conhecer a Deus e amá-lO cada vez mais.*
>
> *(Junia Hayashi)*

Como se faz um devocional? Essa é uma das perguntas que eu mais recebo! Todo cristão anseia por saber como mergulhar na devoção a Deus, realizando as disciplinas espirituais de forma que os efeitos disso possam ser sentidos em sua vida. E todo cristão luta com a mesma questão: **constância** no "devocional". Então, trago aqui alguns passos práticos que acredito que vão ajudá-lo bastante nessa caminhada!

O primeiro passo para uma vida devocional saudável e frutífera é compreender o seu propósito: chegar mais perto de Deus para conhecê-lO cada vez mais, amá-lO cada vez melhor e ter Cristo sendo formado em nós (Gálatas 4.19). A religiosidade entra quando lemos a Bíblia e oramos unicamente por obrigação. É por isso que devemos ser movidos pelo propósito maior. Isso não significa que todos os dias acordaremos extremamente empolgados em realizar essas disciplinas. Entretanto, é nos dias em que não queremos fazer nosso devocional que mais devemos fazê-lo. E esse é o segundo passo: fazer o devocional quando queremos e quando não queremos.

Por fim, o terceiro é estabelecer metas alcançáveis. Precisamos ser realistas com as metas que definimos, para que consigamos realmente cumpri-las diariamente [uma dica para isso é realizar seu devocional ao longo do dia, e não tudo de uma vez]. Quando estabelecemos alvos atingíveis e os alcançamos, ficamos com aquela sensação de "dever cumprido", que nos motiva a mirar ainda mais alto.

Bom, agora que você tem o "porquê" e o "como", vou lhe entregar o "o quê". O que existe dentro de uma vida devocional? Vamos lá: leitura bíblica (Efésios 5.25-26); oração com entendimento (Filipenses 4.6) e em línguas (1 Coríntios 14.2-15); jejum (Isaías 58.6-9); meditação (Salmos 63.5-6) e, por fim, adoração (2 Coríntios 3.18).

Ou seja, devemos nos alimentar da Palavra de Deus (Mateus 4.4) e meditar nela diariamente. Também é essencial gastarmos tempo em oração com entendimento, que acontece quando envolvemos a nossa alma, nossos pensamentos, sentimentos e vontades e os expressamos ao Pai. A oração é para o cristão o que o respirar é para um ser vivente. Além disso, a oração em línguas é uma ferramenta fundamental para nos movermos no sobrenatural. Adicionar essa disciplina "limpará seu canal espiritual", fazendo com que você ouça cada vez mais claramente a voz de Deus e se mova cada vez mais nos dons do Espírito Santo.

Agora, com essas ferramentas em mãos, não deixe as disciplinas espirituais para depois, mas comece já e veja Deus transformar sua vida!

---

5 PASSOS PARA UM DEVOCIONAL TRANSFORMADOR:

1. Entenda o real propósito do seu devocional;

2. Faça quando quiser e quando não quiser;

3. Estabeleça metas alcançáveis;

4. Separe um lugar e um momento para ouvir Deus;

5. Se não fizer um dia, não fique dois sem fazer! Se você esqueceu ou não conseguiu fazer o devocional um dia, garanta que o fará no dia seguinte.

PRÁTICAS ESPIRITUAIS: ORAÇÃO

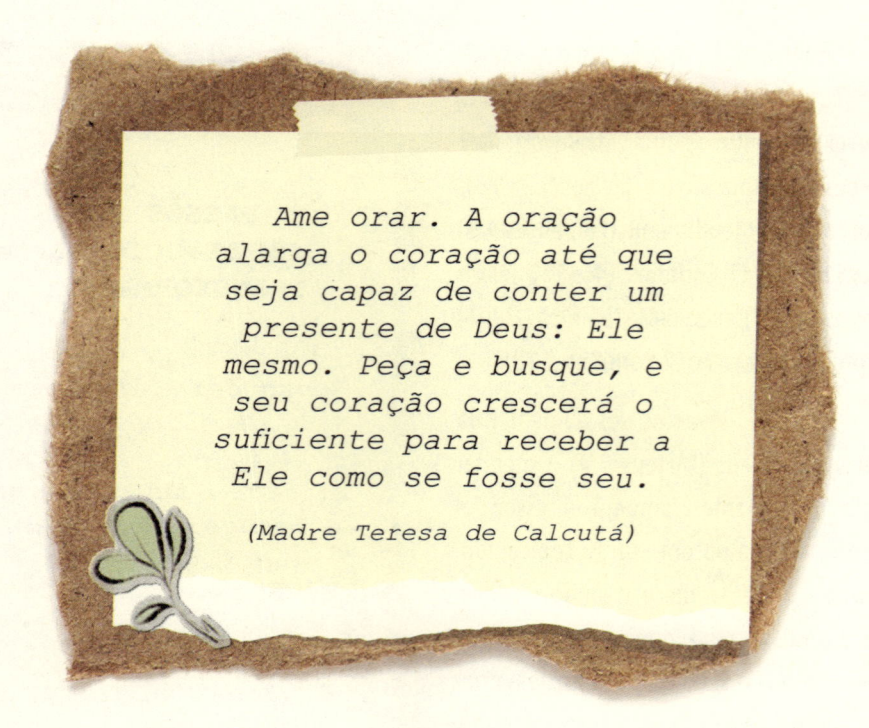

> Ame orar. A oração alarga o coração até que seja capaz de conter um presente de Deus: Ele mesmo. Peça e busque, e seu coração crescerá o suficiente para receber a Ele como se fosse seu.
>
> (Madre Teresa de Calcutá)

A oração é um dos maiores presentes que Deus nos deu, porque é uma ligação direta entre Céu e Terra. Quando oramos, nós ligamos e desligamos coisas na Terra, o que, da mesma forma, acontece no Céu (Mateus 16.19). O nosso Deus, que é todo poderoso, escolheu, em Sua soberania, limitar Seu poder aqui na Terra às nossas orações. Portanto, quando oramos, trazemos a realidade celestial para a nossa realidade terrena.

Mas, acima disso, a oração é a nossa conexão direta com Deus. É por meio de nossas orações que conversamos com Ele e lhe entregamos nossos pesos e preocupações. Tomamos, assim, sobre nós, Seu jugo, que é suave, e encontramos descanso. Deus nos leva a conhecer Seu coração e Sua vontade através das nossas orações. Além disso, é também na prática da oração que fazemos conhecidas as nossas petições, recebemos a paz que excede todo entendimento e temos nosso coração e mente guardados em Cristo (Filipenses 4.6-7).

Agora, para colocar isso em prática, existem algumas formas de oração. A seguir, vou abordar quatro delas: oração com entendimento; oração em línguas; oração da Palavra e intercessão. A primeira acontece quando envolvemos nossa alma, emoções, vontades e pensamentos. A segunda ocorre quando permitimos que o Espírito Santo interceda por nós. A terceira é quando declaramos e oramos a própria Bíblia. E a última, a intercessão, vem do hebraico paga, que significa "criar encontros" ou "encontrar com violência". Ou seja, é a forma que Deus escolheu para encontrar pessoas e situações que necessitam de Seu toque.

Para você ter uma vida frutífera de oração, é importante que mescle esses tipos todos os dias. Separe um tempo para orar em secreto, mesmo que seja por apenas 15 minutos. Tenha uma pauta de oração com tudo aquilo que você gostaria de agradecer, pedir, declarar e dizer para Deus. Mas também se lembre de se manter conectado em oração ao longo do dia, pois todo tempo é tempo de orar e estar conectado com Deus. Cultive um estilo de vida de oração a todo o tempo e em todo lugar!

5 DICAS PRÁTICAS:

1. Mescle todos os tipos de oração diariamente;

2. Separe um tempo para orar em secreto;

3. Defina pautas específicas de oração;

4. Mantenha-se conectado com Deus ao longo do dia;

5. Cultive um estilo de vida de oração.

PRÁTICAS ESPIRITUAIS: LEITURA BÍBLICA

Há uma passagem na Bíblia que me fascina: a história do escriba Esdras, que se tornou um agente de Deus no avivamento do povo de Israel na volta do cativeiro babilônico. Após a conquista de Jerusalém pelo rei babilônico Nabucodonosor, os judeus foram exilados por cerca de 70 anos. Depois disso, a Babilônia foi conquistada pelos persas, e foi então que Ciro, o rei da Pérsia, autorizou que os judeus voltassem para sua terra. Assim que chegaram em casa, eles começaram a trabalhar na reconstrução do templo que havia sido destruído. Então, anos após a inauguração do templo de Jerusalém, Esdras voltou para a cidade com outros exilados trazendo, dentro de seu coração, o propósito de ensinar o povo a obedecer a Deus através da Sua Palavra.

Esdras servia como sacerdote no templo e, conforme nos ensina o livro de Neemias, ele ajuntou o povo e leu a Lei de Deus – isto é, a Sua Palavra – em público (Neemias 8). As consequências da leitura e exposição fiel das Escrituras foram impactantes: houve um grande avivamento no meio daquele povo. Eles se arrependeram e confessaram os pecados diante do Senhor.

Com essa história, algo fica claro para nós: não há avivamento sem arrependimento; não há arrependimento sem conhecimento de Deus e não há profundo conhecimento de Deus fora do Evangelho. A Bíblia é viva e eficaz; e, diferentemente de todos os livros produzidos pela humanidade, esse é o único capaz de discernir até mesmo os nossos pensamentos mais ocultos e os desejos mais profundos em nossa alma. Isso, porque não é um livro comum – ela é a Palavra de Deus. E sempre que a lemos, somos levados a um lugar de quebrantamento e submissão; somos cativados pela grandeza do Senhor e percebemos quão pequenos e frágeis somos diante de um Deus tão poderoso.

Sendo assim, o mundo não pode nos oferecer a paz que somente o Senhor nos dá através de Suas palavras e de Seu maravilhoso plano redentor para a humanidade, por meio de Cristo Jesus. Por isso, devemos organizar o nosso tempo para lermos diariamente a Palavra de Deus. Mesmo nosso tempo parecendo tão escasso, na maioria das vezes, en-

Bella Falconi

contramos algumas horas do dia para nos dedicarmos a assuntos e atividades triviais, deixando de lado a parte mais importante, assim como fez Marta, irmã de Maria (Lucas 10.38-42).

Contudo, é somente a revelação especial de Deus – a saber, as Escrituras – que pode nos ensinar sobre quem Jesus realmente é. Toda a Bíblia gira em torno de Cristo, e se nós amamos esse Nome, que está sobre todo nome, precisamos amar também as Escrituras. Portanto, dedique mais tempo ao estudo e à meditação na Palavra de Deus, e veja o quanto você crescerá espiritualmente. Afinal de contas, não podemos chamar de "amigo" e muito menos confiar em alguém que não conhecemos. Jesus nos convida para um relacionamento íntimo e profundo, e também para um avivamento individual e coletivo.

Diante disso, em seguida estão algumas dicas para ajudá-la a criar esse hábito da leitura bíblica.

5 DICAS DE COMO LER A BÍBLIA:

1. *Organize uma agenda de leitura bíblica, mantendo o mesmo horário para criar uma rotina;*

2. *Antes de ler a Palavra, ore e peça ao Espírito Santo por discernimento e entendimento;*

3. *Pesquise o contexto histórico de cada livro antes de começar a ler. Assim, a interpretação se torna mais eficaz;*

4. *Faça anotações e tire todas as suas dúvidas com pessoas mais experientes na Palavra;*

5. *Não leia as Escrituras como um livro comum – mantenha em sua mente e coração que você está diante das palavras do próprio Deus.*

PRÁTICAS ESPIRITUAIS: JEJUM

O jejum não é uma barganha com o Senhor, mas uma disciplina espiritual voluntária e sacrificial de consagração a Ele. Essa prática se dá ao nos abstermos total ou parcialmente de alimentos, enfraquecendo, assim, nossa carne. Seu intuito é que gastemos mais tempo em oração, leitura da Palavra e com Deus, para fortalecermos nosso espírito.

Essa disciplina, muitas vezes deixada de lado, é uma das armas mais poderosas a nosso dispor para alcançarmos novos romperes, tanto no espírito como na alma e no corpo, libertando-nos dos laços deste mundo. Quando jejuamos, recebemos maior discernimento do mundo espiritual (Daniel 1.17), tornamo-nos mais sensíveis ao Espírito Santo e temos nossos sentidos aguçados para a realidade espiritual ao nosso redor.

Além disso, ao começarmos um jejum de acordo com a direção específica do Senhor, somos levados a novos níveis de autoridade espiritual, que podem se manifestar, por exemplo, como um maior e mais poderoso fluir sobrenatural de curas, milagres, visões, entre outros dons.

Para não falarmos apenas dos romperes espirituais, também somos beneficiados em nossa saúde física, o que já foi comprovado cientificamente. E não para por aí, o ato de jejuar também influencia a saúde de nossa alma, ao desenvolvermos domínio próprio e controle de ansiedade, por exemplo.

Por fim, o jejum prepara o lugar para encontros sobrenaturais com Deus. Em Mateus 6, Jesus nos instrui a jejuarmos em secreto, em intimidade com o Pai, e, assim, Ele nos recompensará também em secreto. Dessa forma, o Senhor Se revelará a nós e cresceremos em conhecimento, intimidade e relacionamento com Ele.

Nesse sentido, existem alguns tipos de jejum que podemos fazer, porém lembre-se: jejum é abster-se de comida. É claro que podemos unir o propósito de abrir mão de televisão ou redes sociais, por exemplo. Mas sempre em junção com a abstinência de alimentos. Ao lado, vou listar três tipos de jejuns que você pode praticar.

Junia Hayashi

O jejum de Daniel, baseado em Daniel 1 e 10, consiste em um jejum parcial, porém prolongado, demonstrando compromisso de disciplina e busca por relacionamento de maior intimidade com Deus. Já o jejum de líquidos é quando nos abstemos de alimentos sólidos. E o último é o jejum de água, em que renunciamos todo e qualquer tipo de alimento, ingerindo apenas água (Mateus 4.1-2), logo, dá-se por um período menor.

Escolha um desses três tipos de jejum e embarque nessa jornada maravilhosa, que é uma vida espiritual com essa prática!

Lembre-se de consultar seu médico antes de começar qualquer tipo de jejum.

DICAS:

1. Lembre-se de separar um tempo específico para passar com Deus;

2. Preste atenção em tudo o que você está ouvindo e assistindo, já que estará mais sensível espiritualmente;

3. Tenha um(a) amigo(a) para jejuar com você;

4. Aguente o processo natural de desintoxicação do corpo, como dores de cabeça, por exemplo;

5. Beba bastante água!

PRÁTICAS ESPIRITUAIS: ADORAÇÃO E MEDITAÇÃO

O que vem à sua mente quando você pensa em meditação? Muitas pessoas talvez se lembrem daquele *emoji* da menina vestindo roupas de academia, com as pernas cruzadas, mãos para fora e olhos fechadinhos. Porém, na verdade, quando falamos de meditação, estamos nos referindo a algo que vai muito além de práticas para melhorar a concentração, poses ou roupas esportivas, mas trata-se especificamente de pensar com grande concentração de espírito. Como seguidoras da Palavra de Deus, entendemos que somos compostas de corpo, alma e espírito. E esse último é a parte de nós que nasce de novo quando entregamos nossas vidas a Jesus. É por isso que a meditação é tão essencial para a nossa jornada espiritual, pois, para mantermos o nosso espírito saudável, precisamos alimentá-lo e exercitá-lo, e fazemos isso através dessa prática e da adoração a Deus.

A respeito disso, a passagem bíblica que conta a história da mulher samaritana relata que ela perguntou a Jesus qual era o local ideal para adorar ao Senhor. Sabe o que Ele respondeu? Disse que adoração não tinha nada a ver com o local, mas, sim, com o nosso espírito. Ele afirmou:

> [...] os verdadeiros adoradores adorarão o Pai em espírito e em verdade. Porque são esses que o Pai procura para seus adoradores. Deus é Espírito, e é necessário que os seus adoradores o adorem em espírito e em verdade.
>
> (João 4.23-24)

Então, o primeiro passo para adorar a Deus é entender que é algo espiritual.

Outra coisa importante que podemos entender desses versículos é que meditação e adoração podem ser feitas em qualquer lugar, de diversas maneiras. Ler a Bíblia certamente é uma forma poderosíssima para isso, mas não podemos ler desatentamente, e sim fazê-lo com grande concentração de espírito. É por isso que Josué 1.8 diz: "Não cesse de falar deste Livro da Lei; pelo contrário, medite nele dia e noite [...]".

Além disso, o cântico é outra forma de adorar a Deus, como vemos em Salmos 68.4: "Cantem a Deus, cantem louvores ao seu nome [...]". Música, arte e dança são algumas maneiras de expressarmos aquilo que está em nosso espírito e que têm tudo a ver com a meditação e a adoração. Use seus talentos e ferramentas para adorá-lO, seja em seu quarto, seja em público. Apenas louve em espírito e em verdade, sem cessar.

O segundo passo para adorar a Deus envolve o aspecto da verdade. Sabemos que a Bíblia é a verdade. Então, para conseguirmos adorar de forma espiritual e verdadeira, é necessário que sejamos cheios da Sua Palavra. Pessoalmente, tenho descoberto o valor de ser constante na minha leitura bíblica junto com a minha adoração expressiva. Quanto mais tempo tiro para isso, mais essas práticas fazem parte de quem eu sou.

Portanto, quero encorajar você a adotar a meditação e a adoração como o seu estilo de vida. Escolha um horário em que, todo dia, possa ser dedicado à sua saúde espiritual. Deus está chamando você para uma nova etapa na sua jornada, e isso significa uma fase de profunda intimidade com Ele.

IDENTIDADE

O dicionário define identidade como uma "série de características próprias de uma pessoa ou coisa por meio das quais podemos distingui-las"[1]. Isso significa que sua identidade diferencia você do resto do mundo, pois Deus a criou de uma forma totalmente original. Você é única! E Ele tem um plano especial e específico para sua vida. Tanto é verdade que, em Jeremias 1.5, vemos o Senhor dizer ao profeta que, mesmo antes de ele nascer, Deus já tinha em vista seu futuro e já planejava a sua história.

Assim como na passagem de Jeremias, da mesma forma que um artista passa o tempo sonhando e trabalhando em uma obra de arte, Deus fez o mesmo com você. Além do mais, Ele costurou Sua própria imagem no seu ser. Sim, você foi feita à imagem e semelhança d'Ele (Gênesis 1.27)! Portanto, é imperativo que a nossa identidade seja entrelaçada com a do nosso Criador. E é à medida que nos perdemos em Seu amor que nos encontramos de verdade. Por isso, não podemos desconsiderar a importância de buscarmos conhecê-lO constantemente, pois isso faz parte da nossa jornada de autodescobrimento.

Assim, conhecendo a Deus, conheceremos nossa identidade, que é completamente única e capaz de desempenhar um papel específico no propósito do Senhor. Nesse sentido, há um versículo em 1 Coríntios (que gosto muito, por sinal) que diz: "Ora, vocês são o corpo de Cristo e, individualmente, membros desse corpo" (1 Coríntios 12.27). Ou seja, cada membro do Corpo traz um valor especial para o conjunto. Temos nossas semelhanças e diferenças, e isso é lindo! Nossas distinções nos completam. Saiba que você tem um lugar valioso dentro do Corpo de Cristo, não aceite nenhuma mentira contrária a isso que venha do Diabo ou de outras pessoas. O seu lugar não é o meu, e o meu não é o seu.

Agora, é impossível tratarmos da temática "identidade" sem mencionar o fator da comparação. Acredito que ela não seja somente a ladra da alegria, mas

---

[1] IDENTIDADE. In: DICIONÁRIO Michaelis on-line. São Paulo: Melhoramentos, 2020. Disponível em http://michaelis.uol.com.br/moderno-portugues/busca/portugues-brasileiro/identidade/. Acesso em agosto de 2020.

Priscilla Subirá & Junia Hayashi

também a responsável por roubar a originalidade. Assim que paramos de nos comparar, criamos espaço para crescer e nos tornar mais autênticos. Já enxerguei essa realidade muitas vezes em minha própria vida, mas tenho aprendido que todas as vezes em que me comparo a alguém, devo imediatamente levar esse pensamento cativo. Identifico que estou entrando em um jogo de comparação e que isso não faz bem para ninguém. Então, começo a pensar em como realmente há muitas coisas interessantes naquela pessoa. Eu listo o que eu gostaria de aprender com ela e analiso como isso se aplica à minha vida. Mas é importante para mim ficar atenta para que nessa lista só entrem coisas que realmente posso adaptar para minha vida, e não aquilo que está fora do meu controle.

Portanto, é fundamental nos unirmos em vez de nos compararmos, pois o Corpo de Cristo ainda tem muito trabalho para fazer aqui na Terra. Por isso, é tão importante que cada um de nós descubra e invista em nossas paixões e talentos. Desse modo, o Corpo poderá ser muito mais eficaz. Deus está contando com você e, se você estiver no time d'Ele, o que mais importará?

Nossa identidade de filhos não pode ser abalada, pois inabalável é Aquele que nos adotou.
(1 João 3.1; João 1.12-13; João 3.5-7; Romanos 8.14 16; Gálatas 4.4-6)

Agora, para ajudar você a entender melhor a sua identidade em Deus, seguem algumas verdades bíblicas a respeito de quem Ele diz que nós somos:

6 VERDADES SOBRE IDENTIDADE:

1. *Somos novas criaturas;*
   (2 Coríntios 5.17)

2. *Somos totalmente amados;*
   (Romanos 8.38-39; 1 João 4.10)

3. *Somos totalmente aceitos;*
   (1 Pedro 4.8; Lucas 15.20-24)

4. *Somos totalmente supridos;*
   (Salmos 23.1; Marcos 6.42-43)

5. *Estamos totalmente seguros;*
   (Salmos 91.4-11)

6. *Temos um propósito divino;*
   (Jeremias 29.11; 1 Pedro 2.9; Mateus 28.18-20)

CHAMADO E PROPÓSITO

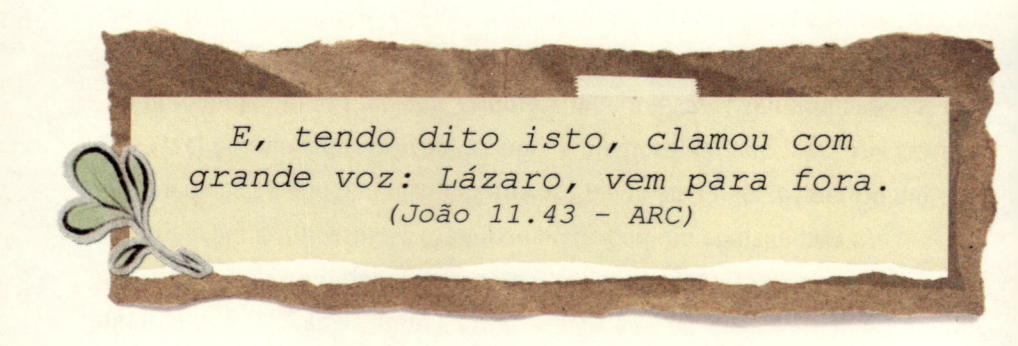

> *E, tendo dito isto, clamou com grande voz: Lázaro, vem para fora.*
> (João 11.43 – ARC)

O que você entende por **chamado**? Se você checar o dicionário, vai ver que "chamar" tem a ver com "invocar alguém pelo nome, para que venha, se aproxime, ou para verificar sua presença; fazer vir ao seu encontro, dizendo o nome ou fazendo algum sinal"[1]. É por isso que, para mim, a ressurreição de Lázaro representa de forma maravilhosa o chamado de Cristo para nós: uma voz poderosa bradando forte em direção a uma carne podre (isto é, o ser humano) e declarando vida. Esse, minha amiga, é o primeiro chamado de Jesus para você. Não é o "faça!", é o "viva!".

Entretanto, por alguma razão, muitos cristãos vivem frenéticos buscando encontrar o que Deus espera que eles façam. Então, vivem se questionando: "Qual será minha função?"; "Meu chamado é cantar?"; "Meu chamado é pregar?" ou "Será que é evangelizar nas Filipinas?", quando, na verdade, a pergunta certa é: "O que o Senhor Deus espera que eu **viva** com Ele?".

Sendo assim, pare de tentar entender o que você precisa fazer e busque o que foi chamada para viver. Por exemplo, seu chamado não é para cantar, é para uma vida de louvor a Deus, de forma que você esteja constantemente conectando os Céus e a Terra. Ou seja, mudando a atmosfera ao seu redor, seja no ônibus que pega ou através

---

[1] CHAMAR. *In*: DICIONÁRIO Michaelis *on-line*. São Paulo: Melhoramentos, 2020. Disponível em https://michaelis.uol.com.br/moderno-portugues/busca/portugues-brasileiro/chamar/. Acesso em agosto de 2020.

do *post* que faz em suas redes sociais. Da mesma maneira, seu propósito no Reino não diz respeito apenas a pregar a Palavra de Deus, mas a vivê-la, para que as pessoas que convivem com você possam degustar das Escrituras através das suas falas e atitudes. Entende? O foco não é só evangelizar pessoas, é, antes de tudo, viver o Evangelho na sua faculdade, trabalho ou família, a ponto de gerar transformação a partir da sua própria vida.

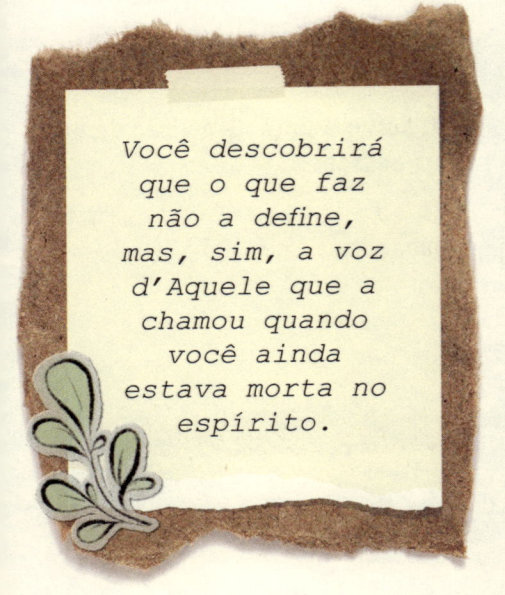

Portanto, somente quando você **viver** para Cristo, poderá **fazer** para Cristo. No mais, pouco importa se será cantando, pregando, escrevendo, pastoreando, construindo, plantando, maquiando, costurando ou gravando vídeos para a *internet*. Com isso, você descobrirá que o que faz não a define, mas, sim, a voz d'Aquele que a chamou quando você ainda estava morta no espírito, uma mulher apodrecida como Lázaro dentro daquele túmulo.

Então, ao buscar o seu chamado, será que você escuta a voz de Cristo clamando em alto som: "Filha, venha para fora"? Desde o ventre da sua mãe, a voz de Deus vem chamando seu nome para viver o propósito que Ele preparou para você. Consegue ouvir?

Se você está com dificuldades de entender o que Ele diz a respeito do seu chamado, na página seguinte, seguem algumas dicas de versículos bíblicos que trarão mais clareza sobre esse assunto.

> Você descobrirá que o que faz não a define, mas, sim, a voz d'Aquele que a chamou quando você ainda estava morta no espírito.

CHAMADO E PROPÓSITO

ANTES DE PENSAR EM SEU CHAMADO ESPECÍFICO, CUMPRA:

1. Grande Mandamento:

Amar a Deus com tudo o que somos e acima de todas as coisas. (Deuteronômio 6.5; Cântico dos Cânticos 3.4)

2. Ministério da reconciliação:

Ajudar a reconciliar as pessoas com Deus assim como Jesus fez conosco. (2 Coríntios 5.17-20)

3. Grande Comissão:

Fazer discípulos de todas as pessoas e de todas as nações. (Mateus 28.18-20; Marcos 16.15-18)

4. Servir como Jesus:

Ter um coração de servo. (Marcos 10.43-45; Mateus 23.11)

5. Cuidar do estrangeiro, do pobre, do órfão e da viúva:

Ser generoso, ajudando os necessitados e aqueles que estão em situação de fragilidade. (Tiago 1.27; Salmos 146.9)

6. Livrar-se do espírito de orfandade e receber o Espírito da adoção:

Buscar revelação de que fomos adotados para dentro da família de Deus. (João 14.18; Romanos 8.15)

7. Servir à unção e à visão de outra pessoa:

Estar disposto a servir ao chamado de outra pessoa. (João 12.26 2)

> *Portanto, ame o Senhor, seu Deus, de todo o seu coração, de toda a sua alma e com toda a sua força.*
>
> *(Deuteronômio 6.5)*

Fabiola Melo e Junia Hayashi

COMO CUMPRIR O SEU CHAMADO?

1. Revestido do poder do alto

Mas vocês receberão poder, ao descer sobre vocês o Espírito Santo, e serão minhas testemunhas tanto em Jerusalém como em toda a Judeia e Samaria e até os confins da terra. (Atos 1.8)

2. Revestido de amor

Portanto, como eleitos de Deus, santos e amados, revistam-se de profunda compaixão, de bondade, de humildade, de mansidão, de paciência. (Colossenses 3.12)

3. Sendo guiado por propósito, não por necessidade nem oportunidade

Quando amanheceu, Jesus saiu e foi para um lugar deserto. As multidões o procuravam, foram até junto dele e não queriam deixar que ele fosse embora. Jesus, porém, lhes disse:

– É necessário que eu anuncie o evangelho do Reino de Deus também nas outras cidades, pois é para isso que fui enviado. (Lucas 4.42-43)

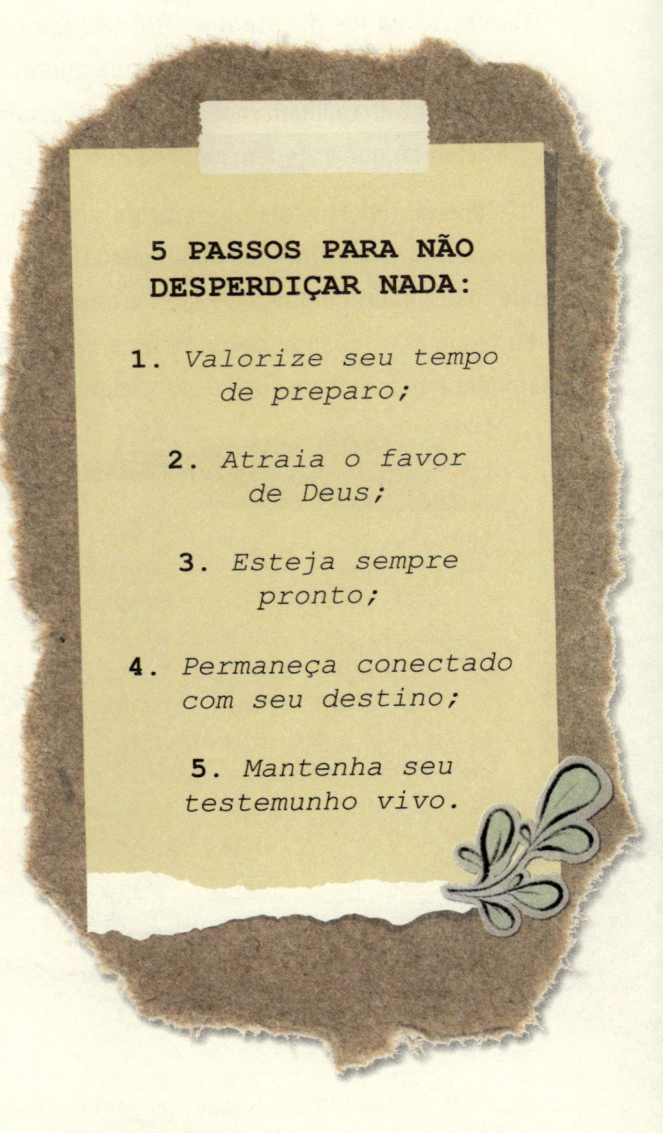

---

5 PASSOS PARA NÃO DESPERDIÇAR NADA:

1. *Valorize seu tempo de preparo;*

2. *Atraia o favor de Deus;*

3. *Esteja sempre pronto;*

4. *Permaneça conectado com seu destino;*

5. *Mantenha seu testemunho vivo.*

INFLUENCIANDO COM PROPÓSITO

A palavra "influência", de acordo com o dicionário, significa: "efeito modificador produzido por agentes físicos ou da natureza sobre os seres humanos ou coisas"[1]. E isso não é algo exercido apenas por famosos e pessoas relevantes na *internet*. Se eu lhe disse que você tem um poder de influência por onde vai, você acreditaria? No entanto, eu sei que muitas coisas podem estar acontecendo aí dentro que atrapalham você de aceitar isso. Talvez a sua insegurança tenha feito você acreditar que é alguém neutra e que não faz nenhuma diferença no mundo.

Porém, todos os dias, a partir do momento em que você acorda, deixa os seus rastros, o seu DNA por onde passa. Seja através de um sorriso ou da falta dele, não importa o que você faça, acaba influenciando as coisas e pessoas ao seu redor. Mas, quando deixa de ter a noção desse fato, você acaba perdendo também a chance de exercer o grande propósito que Deus tem para sua vida:

> *Vocês são a luz do mundo. Não se pode esconder uma cidade construída sobre um monte. E, também, ninguém acende uma candeia e a coloca debaixo de uma vasilha. Pelo contrário, coloca-a no lugar apropriado, e assim ilumina a todos os que estão na casa. Assim brilhe a luz de vocês diante dos homens, para que vejam as suas boas obras e glorifiquem ao Pai de vocês, que está nos céus.*
>
> *(Mateus 5.14-16 - NVI)*

---

[1] INFLUÊNCIA. *In*: DICIONÁRIO Michaelis *on-line*. São Paulo: Melhoramentos, 2020. Disponível em *http://michaelis.uol.com.br/busca?r=0&f=0&t=0&palavra=influ%C3%AAncia*. Acesso em agosto de 2020.

Influenciar com propósito é, todos os dias, decidir não ser a cidade que se esconde e a candeia que se coloca debaixo de uma vasilha. É, em cada relacionamento e em cada lugar, no trabalho ou em casa, iluminar. Compreender que você não precisa de mais um sinal de Deus, mas, sim, que Ele a enviou para esta Terra para ser o Seu próprio sinal, para que Seu nome seja glorificado.

Agora, vamos para a prática:

1. Identifique seus lugares de influência

Esses lugares, basicamente, são os que você frequenta e/ou dos quais faz parte. Por exemplo: sua roda de amigos, seu trabalho, sua família, sua faculdade etc. É muito importante que você tenha clareza de todos os locais em que pode exercer uma influência com propósito. O grande segredo está em compreender que não precisamos transformar o mundo inteiro, mas **devemos** fazer a diferença "no mundo" que Deus nos deu.

2. Qual tem sido o seu posicionamento em cada um desses lugares?

Nós nos iludimos em pensar que conseguimos "não fazer nada". Não existe neutralidade, sua postura, por si só, já é uma decisão! Sendo assim, em seus relacionamentos, você sempre espera que as pessoas lhe sirvam e façam o que você quer, ou serve e dá o seu melhor? No seu trabalho, você é a pessoa que sempre reclama ou aquela que traz o espírito de gratidão para a sala? E consigo mesma? Você tem deixado que a estagnação, o medo e o vício de agradar as pessoas tenham domínio sobre a sua vida ou tem decidido liderar a si mesma?

3. Qual posicionamento você irá tomar a partir de agora?

Depois de fazer essa análise profunda, agora chegou o momento de declarar qual será o seu posicionamento a partir de hoje. Lembre-se: você já possui um lugar de influência, e a vontade de Deus para sua vida é que, todos os dias, escolha ser o que Ele já a criou para ser: **a luz do mundo**.

DICAS EXTRAS

AINDA TEM MAIS! VAMOS APROFUNDAR O NOSSO RELACIONAMENTO COM DEUS?

APONTE O SEU CELULAR PARA O QR CODE ACIMA OU ENTRE PELO SITE WWW.PLANNERMINHAJORNADA.COM E ACESSE CONTEÚDOS EXTRAS.

AGENDA

COMO USAR O SEU PLANNER

APONTE O SEU CELULAR PARA O *QR CODE*
OU ACESSE O *SITE*
WWW.PLANNERMINHAJORNADA.COM
E VEJA ALGUMAS IDEIAS E DICAS DE COMO
PREENCHER AS PRÓXIMAS PÁGINAS DE SUA
AGENDA.

SOBRE MIM

Nome: _____

Telefone: _____

Endereço: _____

_____

Aniversário: _____

_____

_____

Login: _____   Senha: _____
Login: _____   Senha: _____
Login: _____   Senha: _____
Login: _____   Senha: _____
Login: _____   Senha: _____
Login: _____   Senha: _____
Login: _____   Senha: _____

MEU MAPA

Aqui, você pode pintar os países no mapa, colocar os motivos de oração em cada continente, os lugares que gostaria de ir ou já foi...
Seja criativa!

América do Norte

América Central

América do Sul

Europa

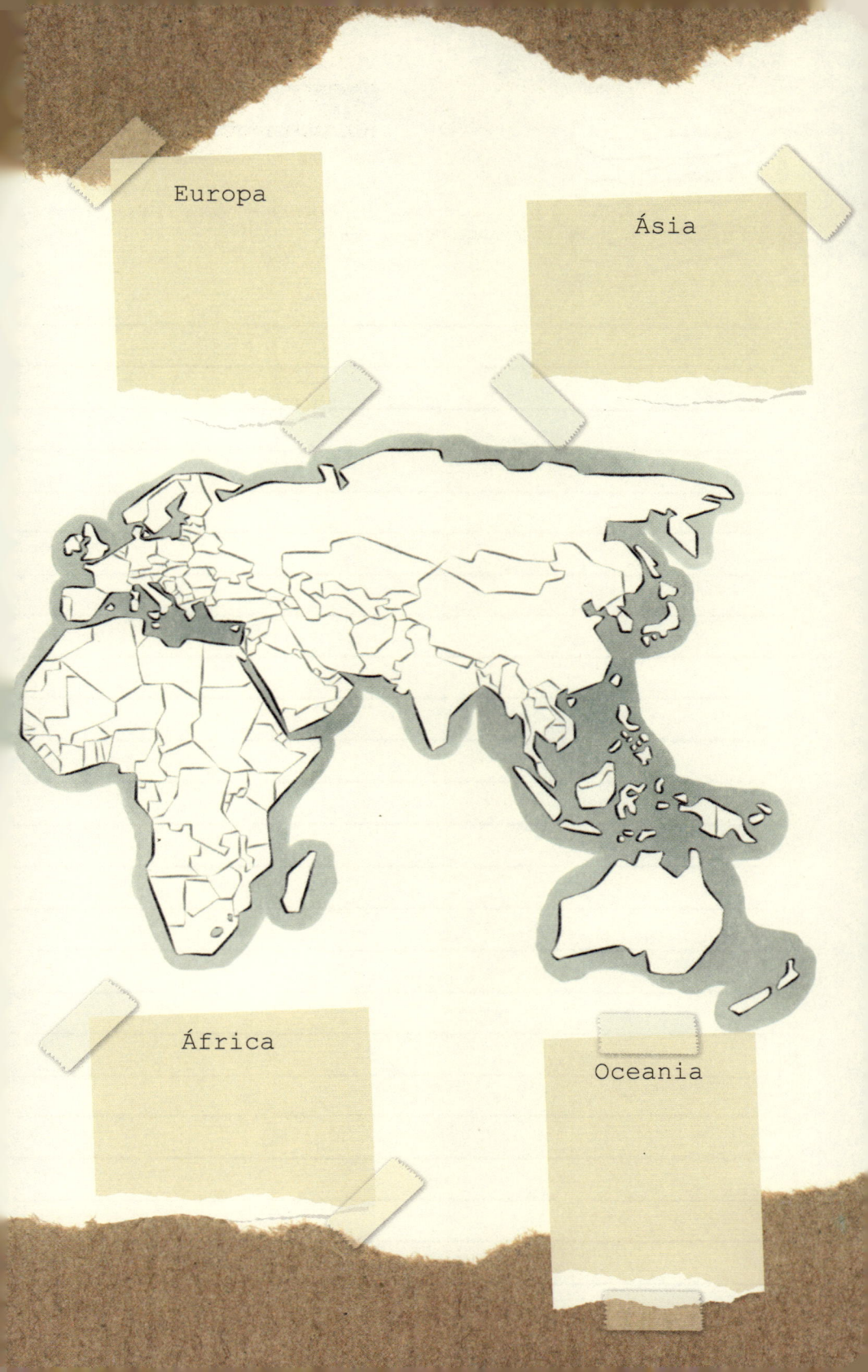

Ásia

África

Oceania

LIVROS

Use esta página para colocar sua lista de leitura do ano, frases marcantes, novos autores ou o que mais desejar!

MEU ANO

PLANEJAMENTO ANUAL

JANEIRO

FEVEREIRO

MARÇO

JULHO

AGOSTO

SETEMBRO

ABRIL

MAIO

JUNHO

OUTUBRO

NOVEMBRO

DEZEMBRO

ANOTAÇÕES

Escreva aqui o mês que você está iniciando ou cole o adesivo.

VISÃO MENSAL

Adicione o mês.

S	T	Q	Q	S	S	D

COMPROMISSOS

ANOTAÇÕES

OBJETIVOS

ACOMPANHE SEUS HÁBITOS

Corpo

Alma

Espírito

Escreva aqui um objetivo pessoal

> Sejam fortes e corajosos, não tenham medo, nem fiquem apavorados diante deles, porque o Senhor, seu Deus, é quem vai com vocês; ele não os deixará, nem os abandonará.
> *(Deuteronômio 31.6)*

PLANEJAMENTO FINANCEIRO

ENTRADAS

Data	Fonte	$

SAÍDAS

Categorias	Valor

SALDO MENSAL

Inicial:

Final:

PAGAMENTO DE CONTAS

Descrição	Valor	Vencimento	Status

DESPESAS VARIÁVEIS

Despesa	Limite mensal	Semana				
		1	2	3	4	5

MINHA SEMANA

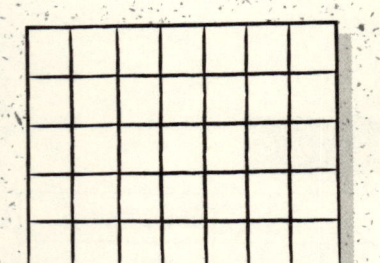

SEGUNDA

TERÇA

QUARTA

LISTA DE TAREFAS

NÃO POSSO ESQUECER

> *Uns confiam em carros de guerra, e outros, em seus cavalos; nós, porém, invocaremos o nome do Senhor, nosso Deus.*
> *(Salmos 20.7)*

QUINTA

SEXTA

SÁBADO

DOMINGO

ANOTAÇÕES

MINHA SEMANA

SEGUNDA

TERÇA

QUARTA

LISTA DE TAREFAS

NÃO POSSO ESQUECER

> Se, porém, algum de vocês necessita de sabedoria, peça a Deus, que a todos dá com generosidade e sem reprovações, e ela lhe será concedida.
> (Tiago 1.5)

QUINTA

SEXTA

SÁBADO

DOMINGO

ANOTAÇÕES

MINHA SEMANA

SEGUNDA

TERÇA

QUARTA

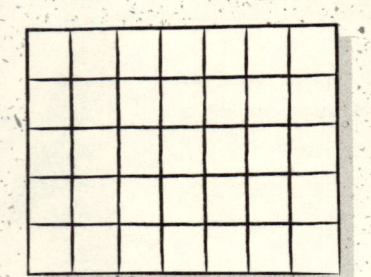

LISTA DE TAREFAS

NÃO POSSO ESQUECER

> *Da mesma maneira, também o Espírito nos ajuda em nossa fraqueza. Porque não sabemos orar como convém, mas o próprio Espírito intercede por nós com gemidos inexprimíveis.*
> *(Romanos 8.26)*

QUINTA

SEXTA

SÁBADO

DOMINGO

ANOTAÇÕES

MINHA SEMANA

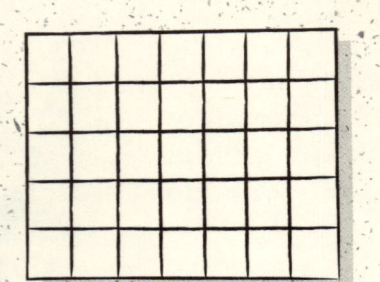

SEGUNDA

TERÇA

QUARTA

LISTA DE TAREFAS

NÃO POSSO ESQUECER

> O temor do Senhor é instrução na sabedoria, e a humildade precede a honra.
> (Provérbios 15.33)

QUINTA

SEXTA

SÁBADO

DOMINGO

ANOTAÇÕES

MINHA SEMANA

SEGUNDA

TERÇA

QUARTA

LISTA DE TAREFAS

NÃO POSSO ESQUECER

> *Nós amamos porque ele nos amou primeiro.*
> *(1 João 4.19)*

QUINTA

SEXTA

SÁBADO

DOMINGO

ANOTAÇÕES

ANOTAÇÕES

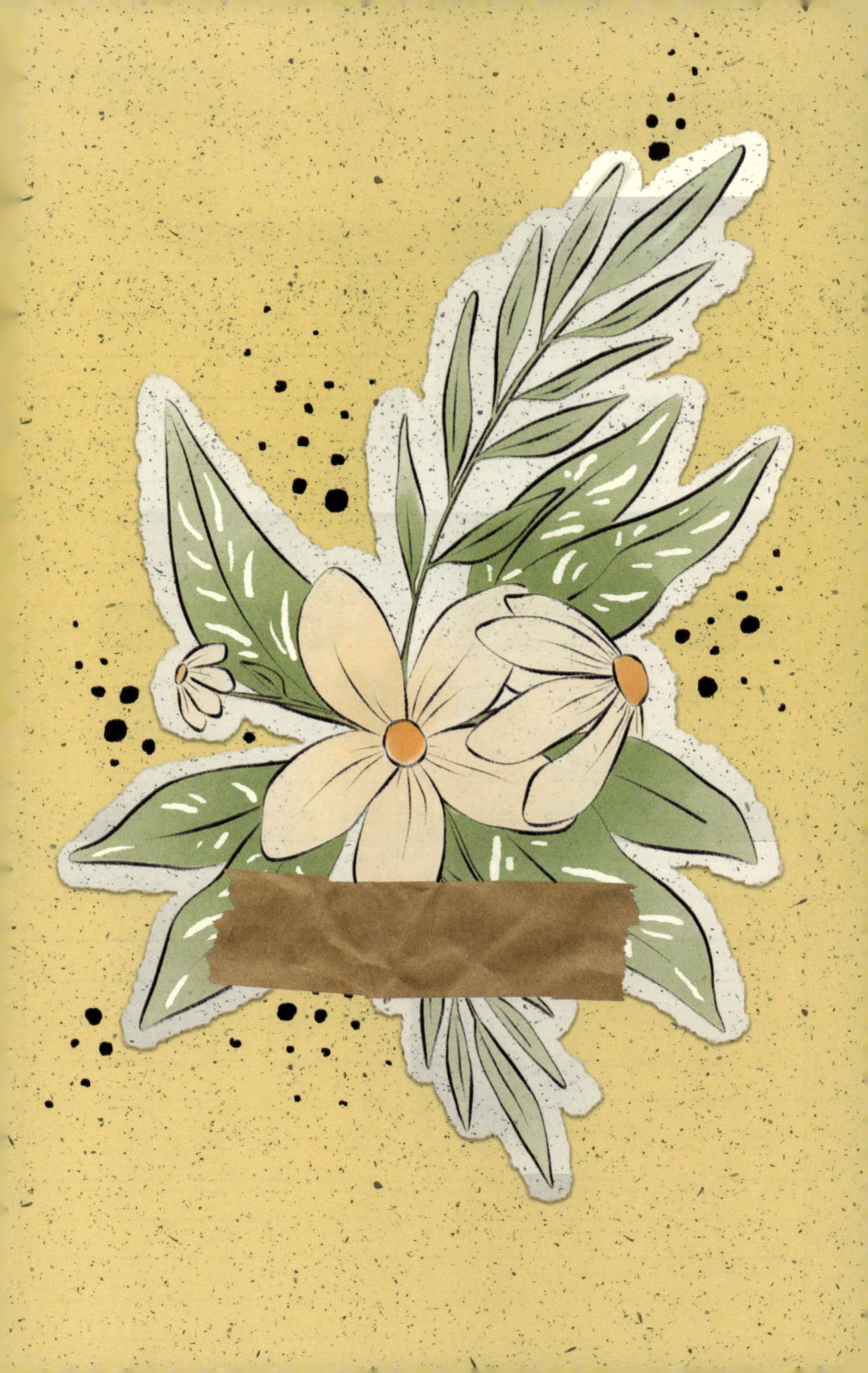

VISÃO MENSAL

S	T	Q	Q	S	S	D

COMPROMISSOS

ANOTAÇÕES

OBJETIVOS

Corpo

Alma

Espírito

ACOMPANHE SEUS HÁBITOS

Os seus caminhos são caminhos agradáveis, e todas as suas veredas são paz.
(Provérbios 3.17)

PLANEJAMENTO FINANCEIRO

ENTRADAS

Data	Fonte	$

SAÍDAS

Categorias	Valor

SALDO MENSAL

Inicial:

Final:

PAGAMENTO DE CONTAS

Descrição	Valor	Vencimento	Status

DESPESAS VARIÁVEIS

Despesa	Limite mensal	Semana				
		1	2	3	4	5

MINHA SEMANA

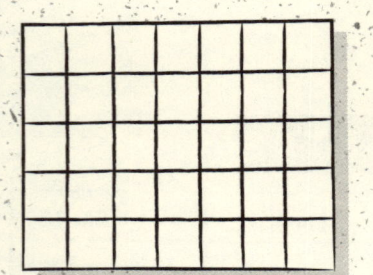

SEGUNDA

TERÇA

QUARTA

LISTA DE TAREFAS

NÃO POSSO ESQUECER

> De novo, Jesus lhes falou, dizendo: — Eu sou a luz do mundo. Quem me segue não andará nas trevas; pelo contrário, terá a luz da vida.
> *(João 8.12)*

QUINTA

SEXTA

SÁBADO

DOMINGO

ANOTAÇÕES

MINHA SEMANA

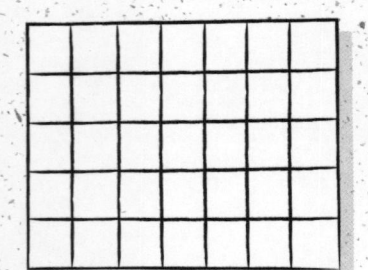

SEGUNDA

TERÇA

QUARTA

LISTA DE TAREFAS

NÃO POSSO ESQUECER

> *Mais alegria me puseste no coração do que a alegria deles, quando eles têm fartura de cereal e de vinho.*
> (Salmos 4.7)

QUINTA

SEXTA

SÁBADO

DOMINGO

ANOTAÇÕES

MINHA SEMANA

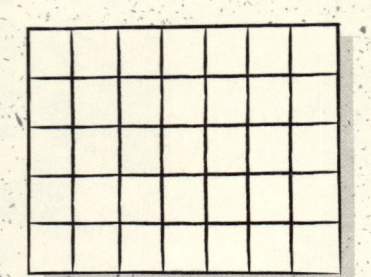

SEGUNDA

TERÇA

QUARTA

LISTA DE TAREFAS

NÃO POSSO ESQUECER

> *Tudo posso naquele que me fortalece.*
> *(Filipenses 4.13)*

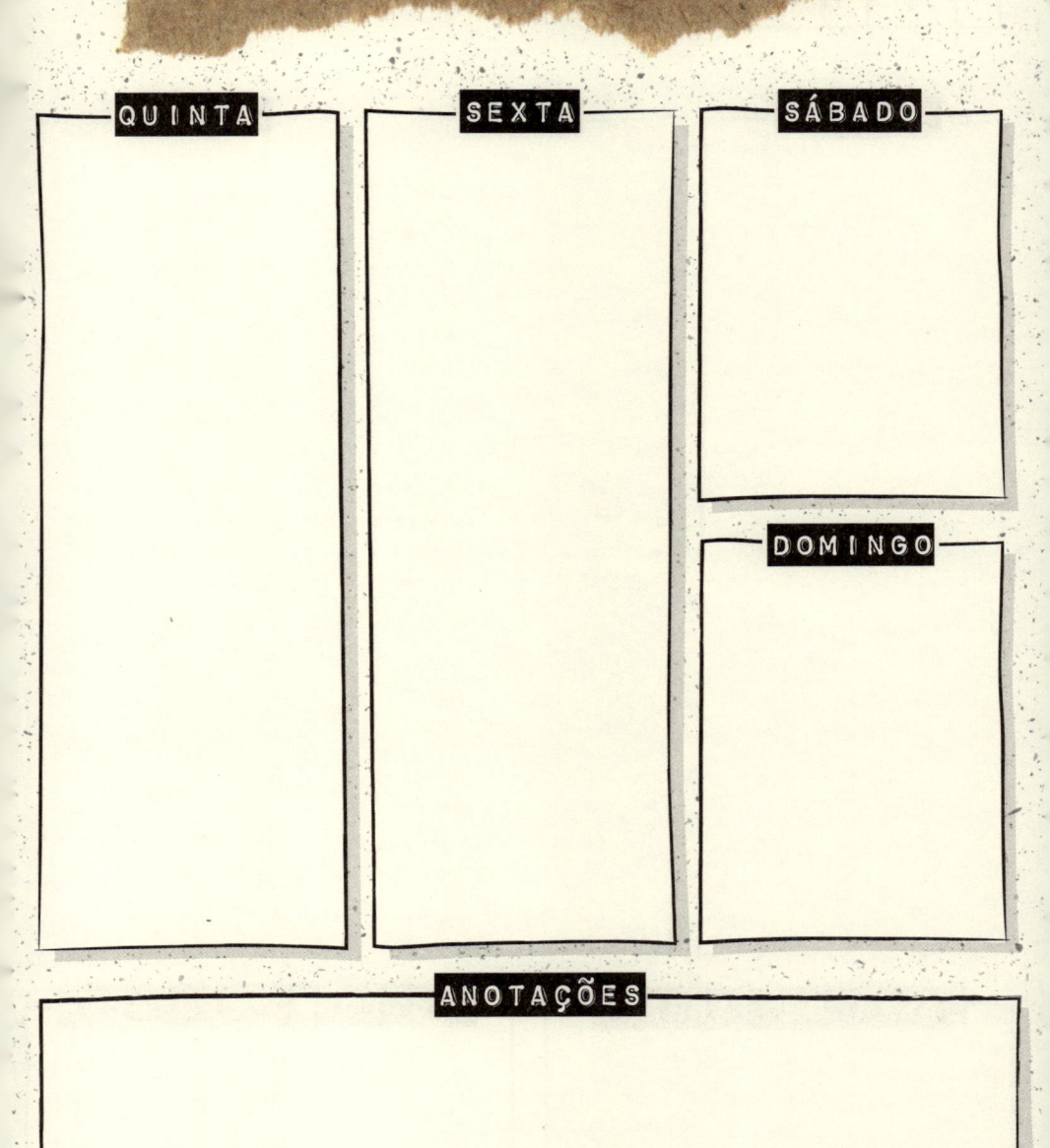

QUINTA

SEXTA

SÁBADO

DOMINGO

ANOTAÇÕES

MINHA SEMANA

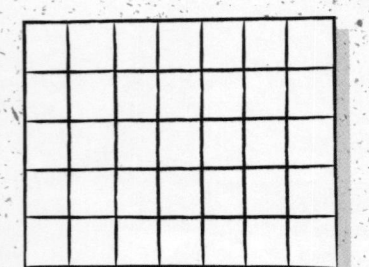

SEGUNDA

TERÇA

QUARTA

LISTA DE TAREFAS

NÃO POSSO ESQUECER

> *Nós, porém, não somos dos que retrocedem para a perdição, mas somos da fé, para a preservação da alma.*
> (Hebreus 10.39)

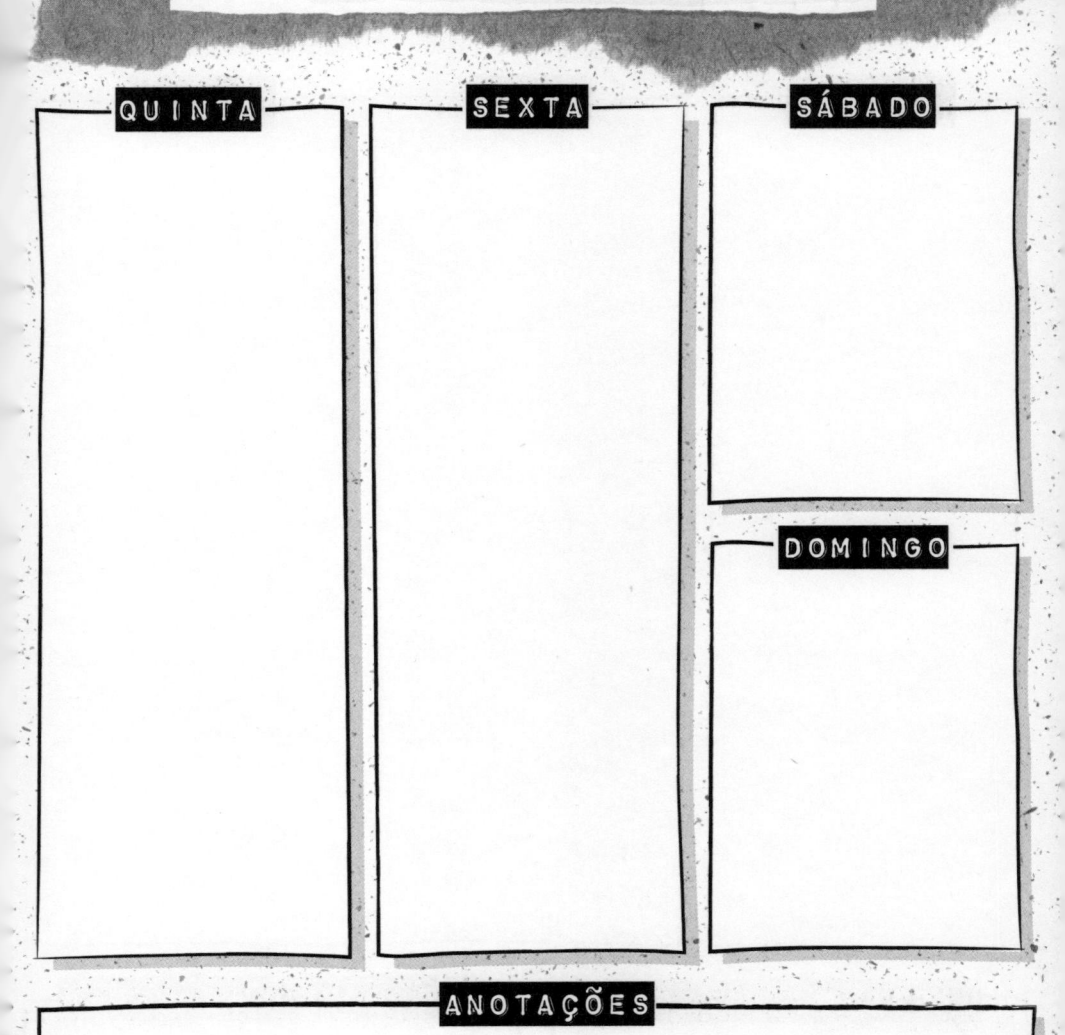

QUINTA

SEXTA

SÁBADO

DOMINGO

ANOTAÇÕES

MINHA SEMANA

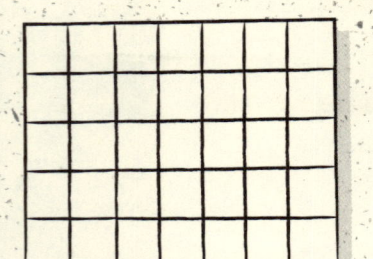

SEGUNDA

TERÇA

QUARTA

LISTA DE TAREFAS

NÃO POSSO ESQUECER

> Meu filho, não se esqueça dos meus ensinos, e que o seu coração guarde os meus mandamentos, porque eles aumentarão os seus dias e lhe acrescentarão anos de vida e paz.
> *(Provérbios 3.1-2)*

QUINTA

SEXTA

SÁBADO

DOMINGO

ANOTAÇÕES

ANOTAÇÕES

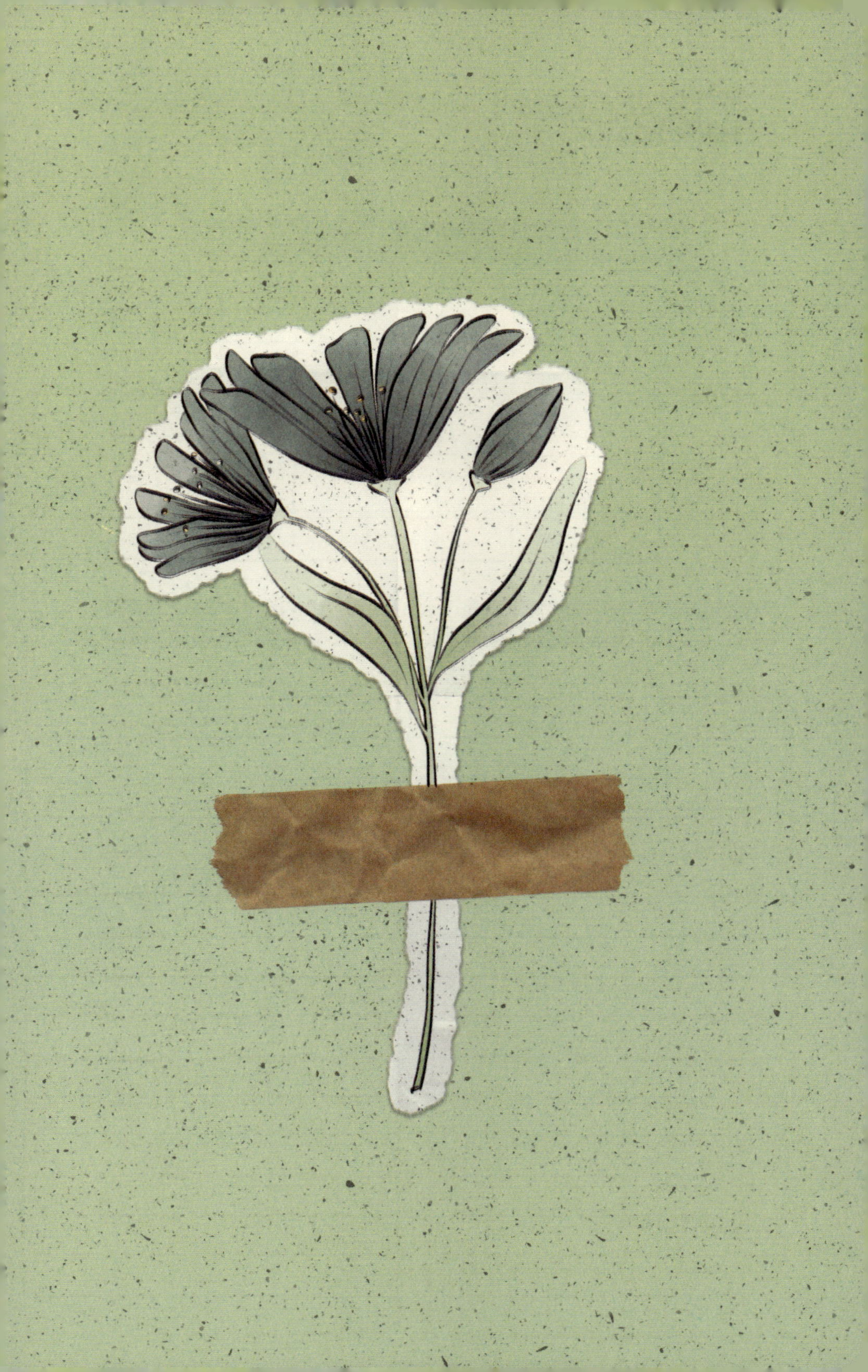

VISÃO MENSAL

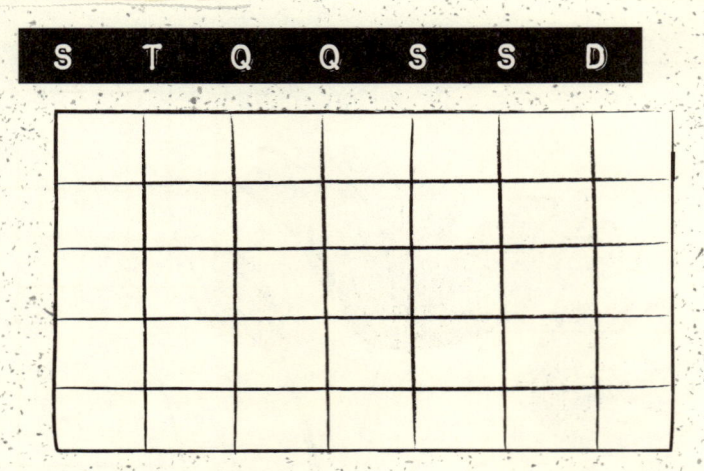

S T Q Q S S D

COMPROMISSOS

ANOTAÇÕES

OBJETIVOS

ACOMPANHE SEUS HÁBITOS

Corpo

Alma

Espírito

Eis que faço uma coisa nova. Agora mesmo ela está saindo à luz. Será que vocês não o percebem? Eis que porei um caminho no deserto e rios nos lugares áridos.
(Isaías 43.19)

PLANEJAMENTO FINANCEIRO

ENTRADAS

Data	Fonte	$

SAÍDAS

Categorias	Valor

SALDO MENSAL

Inicial:

Final:

PAGAMENTO DE CONTAS

Descrição	Valor	Vencimento	Status

DESPESAS VARIÁVEIS

Despesa	Limite mensal	Semana				
		1	2	3	4	5

MINHA SEMANA

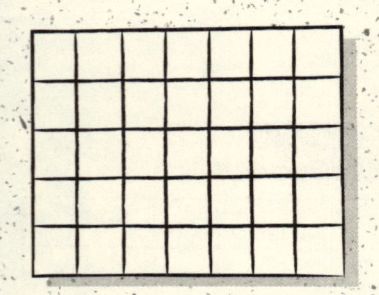

SEGUNDA

TERÇA

QUARTA

LISTA DE TAREFAS

NÃO POSSO ESQUECER

> Bem-aventurado é aquele que suporta com perseverança a provação. Porque, depois de ter sido aprovado, receberá a coroa da vida, a qual o Senhor prometeu aos que o amam.
> (Tiago 1.12)

QUINTA

SEXTA

SÁBADO

DOMINGO

ANOTAÇÕES

MINHA SEMANA

SEGUNDA

TERÇA

QUARTA

LISTA DE TAREFAS

NÃO POSSO ESQUECER

> O vencedor será assim vestido de branco, e de modo nenhum apagarei o seu nome do Livro da Vida. Pelo contrário, confessarei o seu nome diante de meu Pai e diante dos seus anjos.
> *(Apocalipse 3.5)*

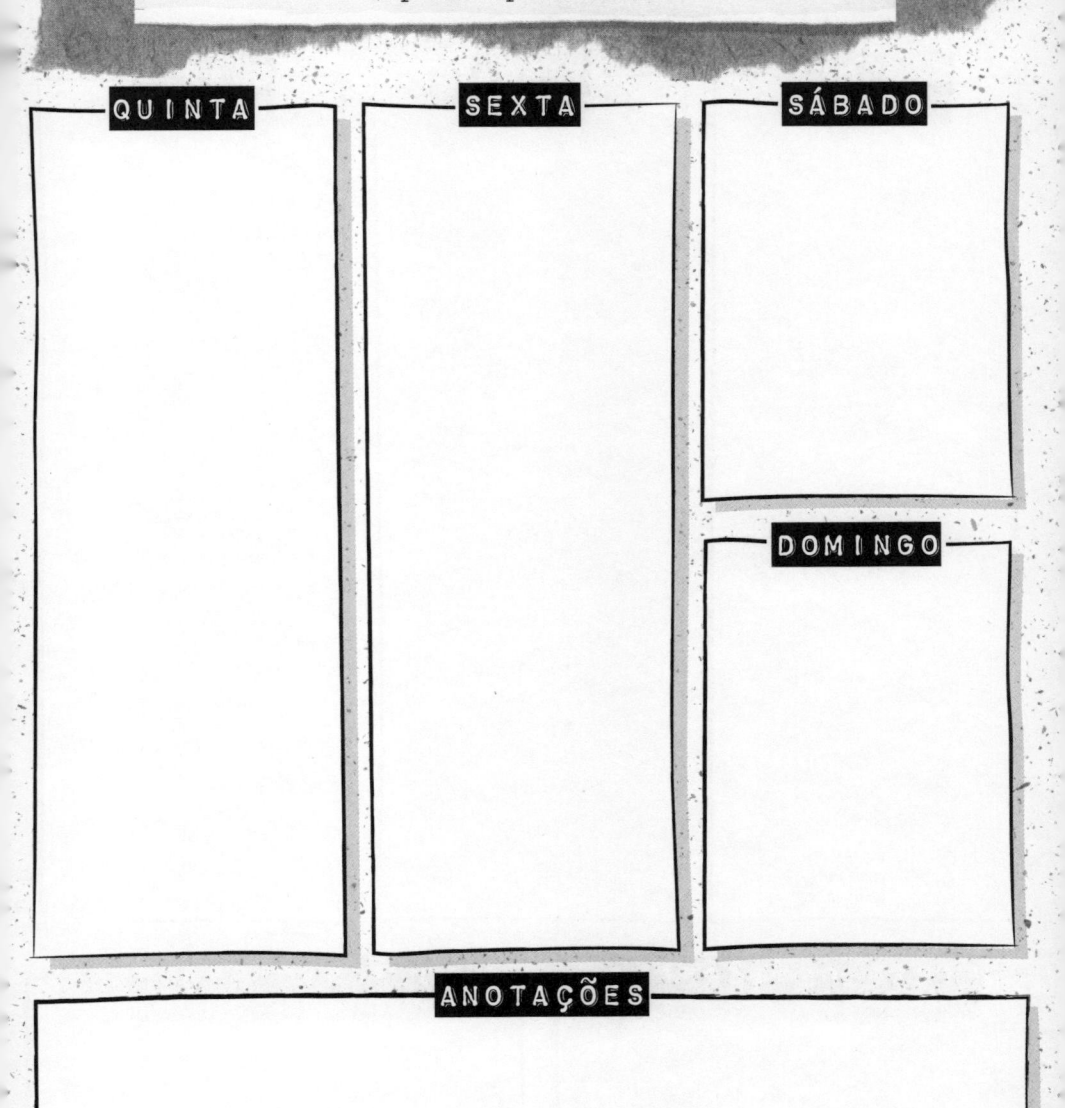

QUINTA

SEXTA

SÁBADO

DOMINGO

ANOTAÇÕES

MINHA SEMANA

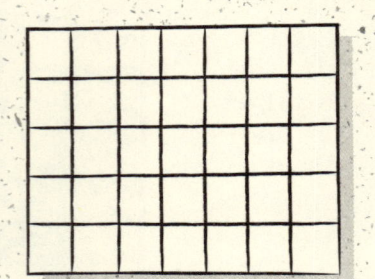

SEGUNDA

TERÇA

QUARTA

LISTA DE TAREFAS

NÃO POSSO ESQUECER

> As minhas ovelhas ouvem a minha voz;
> eu as conheço, e elas me seguem.
> (João 10.27)

QUINTA

SEXTA

SÁBADO

DOMINGO

ANOTAÇÕES

MINHA SEMANA

SEGUNDA

TERÇA

QUARTA

LISTA DE TAREFAS

NÃO POSSO ESQUECER

> Pois a nossa pátria está nos céus, de onde também aguardamos o Salvador, o Senhor Jesus Cristo.
> (Filipenses 3.20)

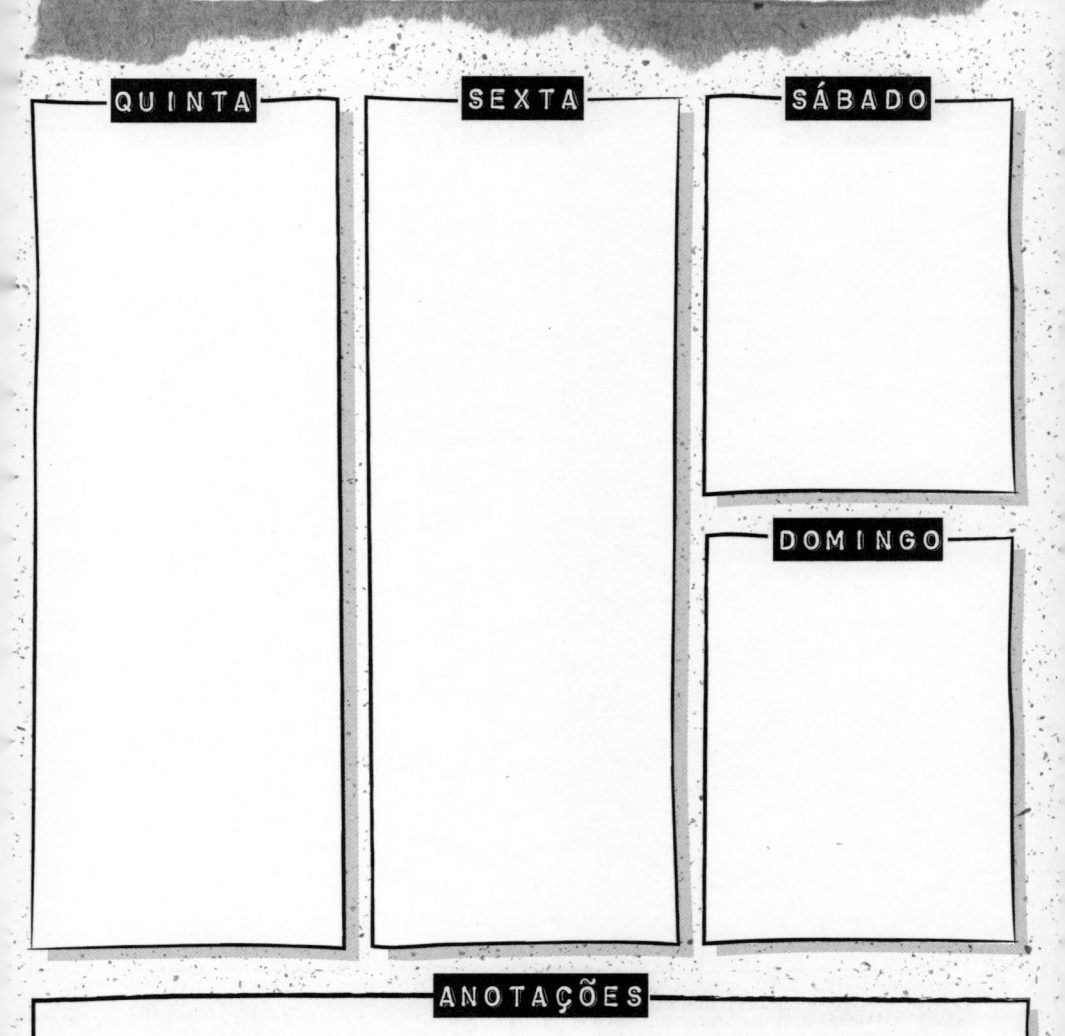

QUINTA

SEXTA

SÁBADO

DOMINGO

ANOTAÇÕES

MINHA SEMANA

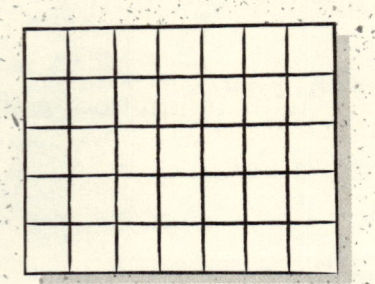

SEGUNDA

TERÇA

QUARTA

LISTA DE TAREFAS

NÃO POSSO ESQUECER

> O mesmo Deus da paz os santifique em tudo. E que o espírito, a alma e o corpo de vocês sejam conservados íntegros e irrepreensíveis na vinda de nosso Senhor Jesus Cristo.
> (1 Tessalonicenses 5.23)

QUINTA

SEXTA

SÁBADO

DOMINGO

ANOTAÇÕES

ANOTAÇÕES

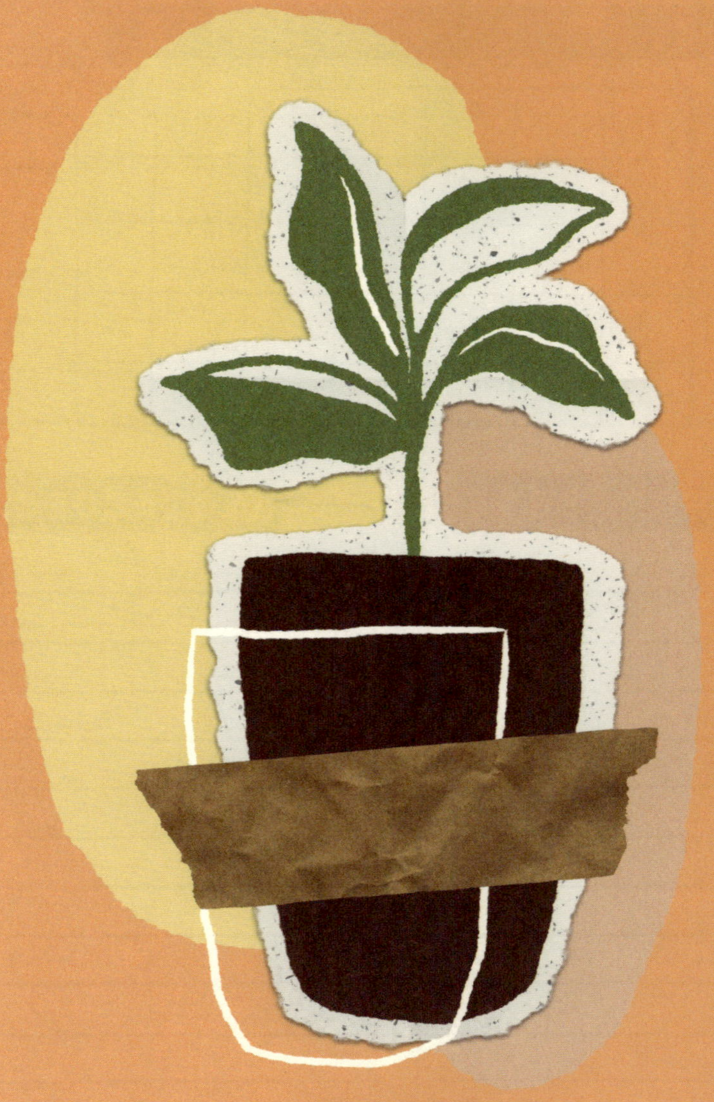

VISÃO MENSAL

S	T	Q	Q	S	S	D

COMPROMISSOS

ANOTAÇÕES

OBJETIVOS

ACOMPANHE SEUS HÁBITOS

Corpo

Alma

Espírito

> Bondade e misericórdia certamente me seguirão todos os dias da minha vida; e habitarei na Casa do Senhor para todo o sempre.
> (Salmos 23.6)

PLANEJAMENTO FINANCEIRO

ENTRADAS

Data	Fonte	$

SAÍDAS

Categorias	Valor

SALDO MENSAL

Inicial:

Final:

PAGAMENTO DE CONTAS

Descrição	Valor	Vencimento	Status

DESPESAS VARIÁVEIS

Despesa	Limite mensal	Semana				
		1	2	3	4	5

MINHA SEMANA

SEGUNDA

TERÇA

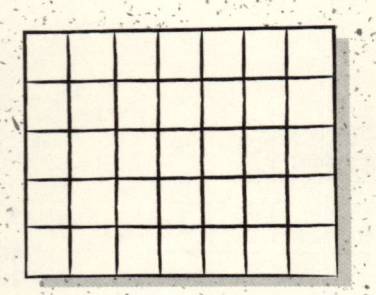

QUARTA

LISTA DE TAREFAS

NÃO POSSO ESQUECER

> *Ainda antes que houvesse dia, eu sou; e não há quem possa livrar alguém das minhas mãos; agindo eu, quem o impedirá.*
> *(Isaías 43.13)*

QUINTA

SEXTA

SÁBADO

DOMINGO

ANOTAÇÕES

MINHA SEMANA

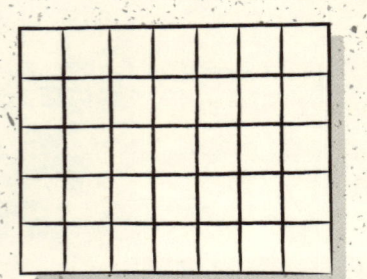

SEGUNDA

TERÇA

QUARTA

LISTA DE TAREFAS

NÃO POSSO ESQUECER

"Eu é que sei que pensamentos tenho a respeito de vocês", diz o Senhor. "São pensamentos de paz e não de mal, para dar-lhes um futuro e uma esperança".
(Jeremias 29.11)

QUINTA

SEXTA

SÁBADO

DOMINGO

ANOTAÇÕES

MINHA SEMANA

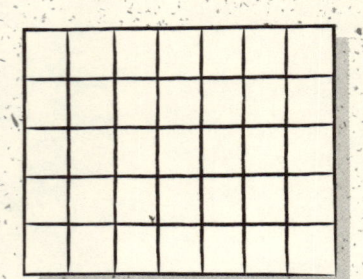

SEGUNDA

TERÇA

QUARTA

LISTA DE TAREFAS

NÃO POSSO ESQUECER

> *Porque vocês não receberam um espírito de escravidão, para viverem outra vez atemorizados, mas receberam o Espírito de adoção, por meio do qual clamamos: "Aba, Pai".*
> *(Romanos 8.15)*

QUINTA

SEXTA

SÁBADO

DOMINGO

ANOTAÇÕES

MINHA SEMANA

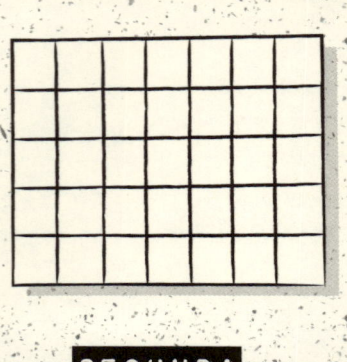

SEGUNDA

TERÇA

QUARTA

LISTA DE TAREFAS

NÃO POSSO ESQUECER

> E todo o que vive e crê em mim não morrerá eternamente. Você crê nisto?
> (João 11.26)

QUINTA

SEXTA

SÁBADO

DOMINGO

ANOTAÇÕES

MINHA SEMANA

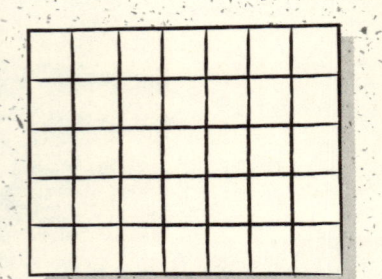

SEGUNDA

TERÇA

QUARTA

LISTA DE TAREFAS

NÃO POSSO ESQUECER

> *Porque a tua graça é melhor do que a vida; os meus lábios te louvam.*
> *(Salmos 63.3)*

QUINTA

SEXTA

SÁBADO

DOMINGO

ANOTAÇÕES

ANOTAÇÕES

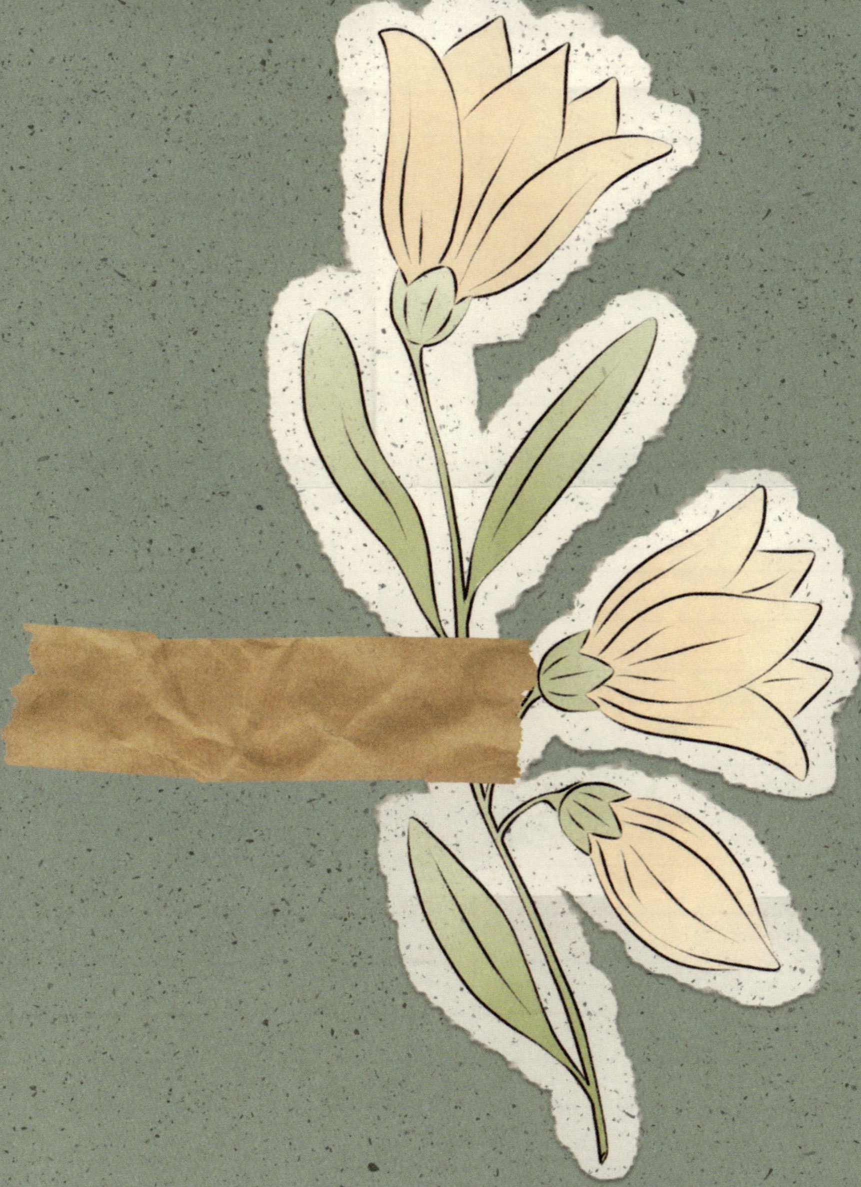

VISÃO MENSAL

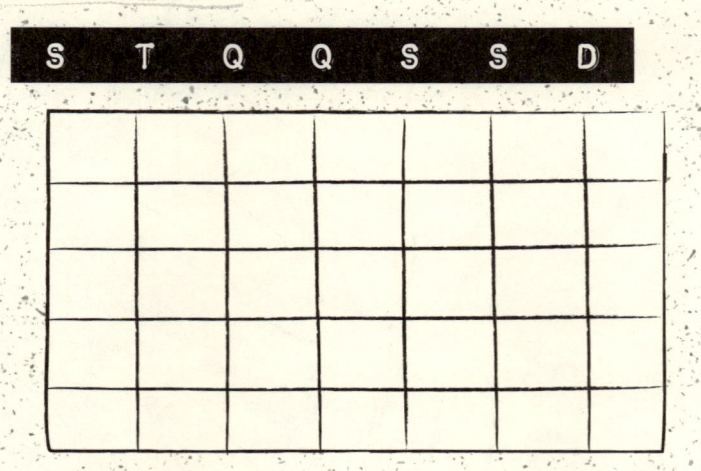

S	T	Q	Q	S	S	D

COMPROMISSOS

ANOTAÇÕES

OBJETIVOS

ACOMPANHE SEUS HÁBITOS

Corpo

Alma

Espírito

Não fiquem preocupados com coisa alguma, mas, em tudo, sejam conhecidos diante de Deus os pedidos de vocês, pela oração e pela súplica, com ações de graças.
(Filipenses 4.6)

PLANEJAMENTO FINANCEIRO

ENTRADAS

Data	Fonte	$

SAÍDAS

Categorias	Valor

SALDO MENSAL

Inicial:

Final:

PAGAMENTO DE CONTAS

Descrição	Valor	Vencimento	Status

DESPESAS VARIÁVEIS

Despesa	Limite mensal	Semana				
		1	2	3	4	5

MINHA SEMANA

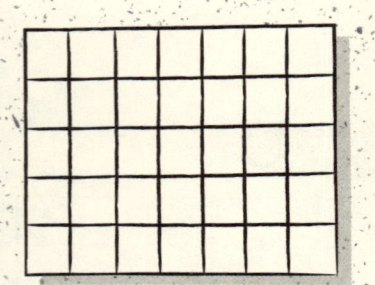

SEGUNDA

TERÇA

QUARTA

LISTA DE TAREFAS

NÃO POSSO ESQUECER

> Porque andamos por fé e não pelo que vemos.
> *(2 Coríntios 5.7)*

QUINTA

SEXTA

SÁBADO

DOMINGO

ANOTAÇÕES

MINHA SEMANA

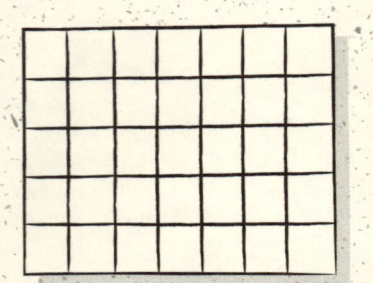

SEGUNDA

TERÇA

QUARTA

LISTA DE TAREFAS

NÃO POSSO ESQUECER

> [...]a fim de que o coração de vocês seja fortalecido em santidade, isento de culpa, na presença de nosso Deus e Pai, na vinda de nosso Senhor Jesus, com todos os seus santos.
> (1 Tessalonicenses 3.13)

QUINTA

SEXTA

SÁBADO

DOMINGO

ANOTAÇÕES

MINHA SEMANA

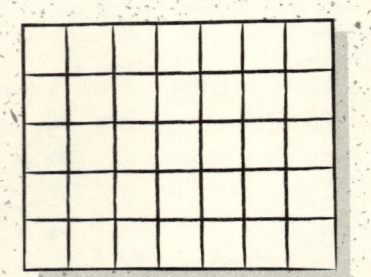

SEGUNDA

TERÇA

QUARTA

LISTA DE TAREFAS

NÃO POSSO ESQUECER

> Deus é a minha fortaleza e a minha força e ele aperfeiçoa o meu caminho.
> (2 Samuel 22.33)

QUINTA

SEXTA

SÁBADO

DOMINGO

ANOTAÇÕES

MINHA SEMANA

SEGUNDA

TERÇA

QUARTA

LISTA DE TAREFAS

NÃO POSSO ESQUECER

> *Graças te dou, visto que de modo assombrosamente maravilhoso me formaste; as tuas obras são admiráveis, e a minha alma o sabe muito bem.*
> *(Salmos 139.14)*

QUINTA

SEXTA

SÁBADO

DOMINGO

ANOTAÇÕES

MINHA SEMANA

SEGUNDA

TERÇA

QUARTA

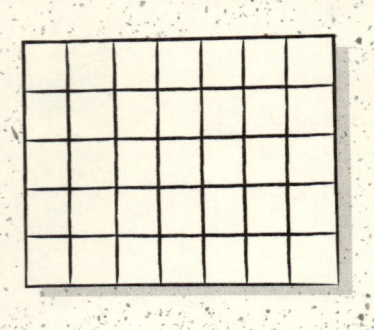

LISTA DE TAREFAS

NÃO POSSO ESQUECER

> *Finalmente, irmãos, tudo o que é verdadeiro, tudo o que é respeitável, tudo o que é justo, tudo o que é puro, tudo o que é amável, tudo o que é de boa fama, se alguma virtude há e se algum louvor existe, seja isso o que ocupe o pensamento de vocês.*
> *(Filipenses 4.8)*

QUINTA

SEXTA

SÁBADO

DOMINGO

ANOTAÇÕES

ANOTAÇÕES

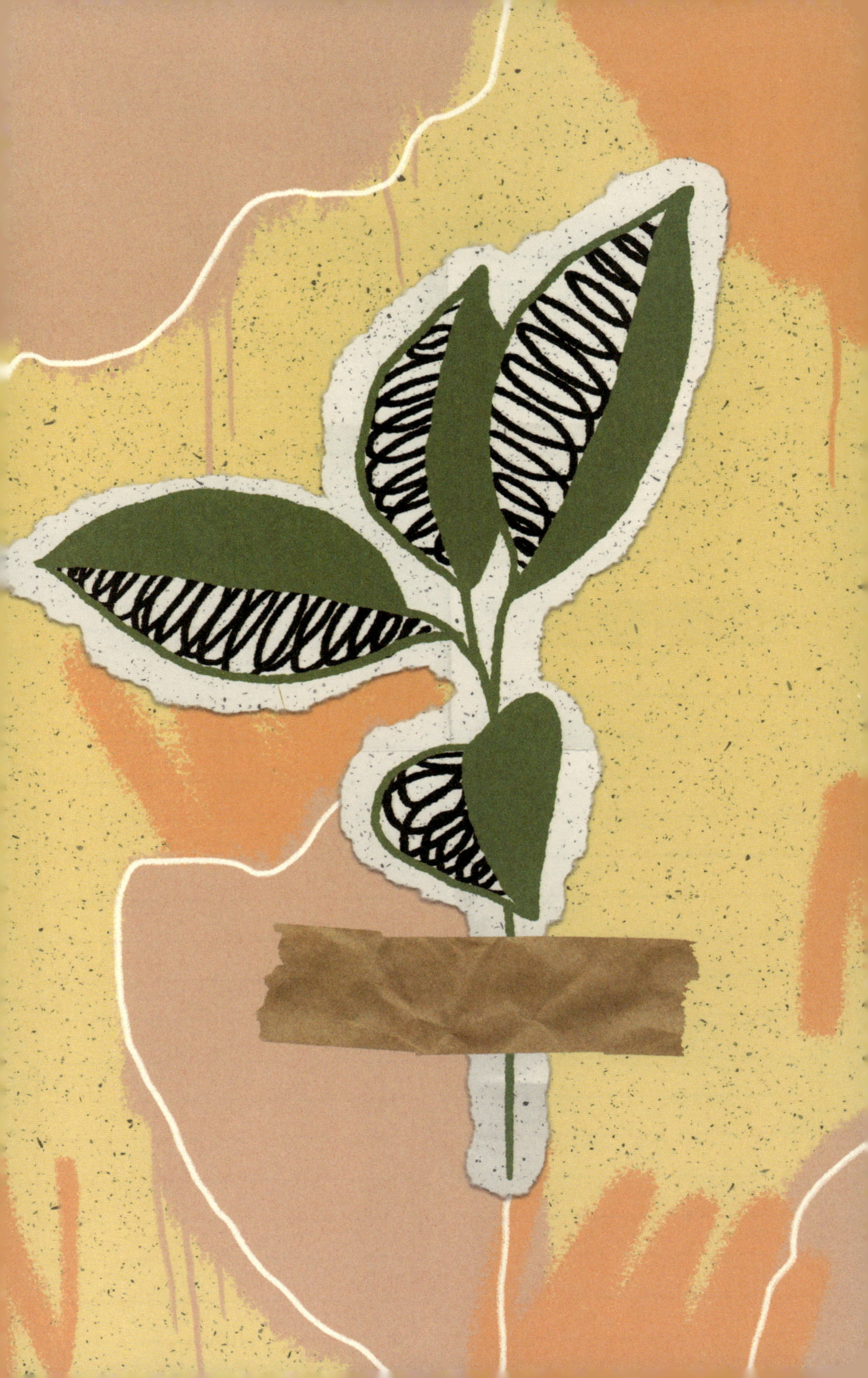

VISÃO MENSAL

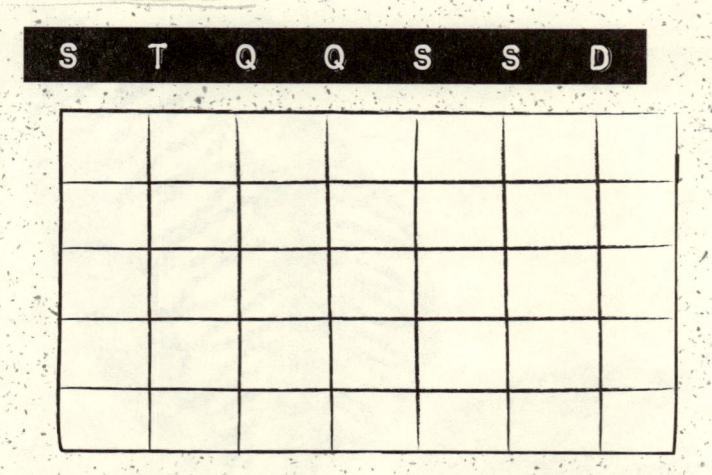

S	T	Q	Q	S	S	D

COMPROMISSOS

ANOTAÇÕES

OBJETIVOS

ACOMPANHE SEUS HÁBITOS

Corpo

Alma

Espírito

Tudo o que fizerem, façam de todo o coração, como para o Senhor e não para as pessoas.
(Colossenses 3.23)

PLANEJAMENTO FINANCEIRO

ENTRADAS

Data	Fonte	$

SAÍDAS

Categorias	Valor

SALDO MENSAL

Inicial:

Final:

PAGAMENTO DE CONTAS

Descrição	Valor	Vencimento	Status

DESPESAS VARIÁVEIS

Despesa	Limite mensal	Semana				
		1	2	3	4	5

MINHA SEMANA

SEGUNDA

TERÇA

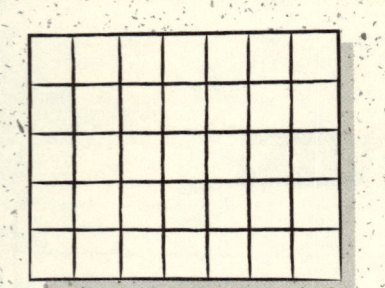

QUARTA

LISTA DE TAREFAS

NÃO POSSO ESQUECER

> Peça, e eu lhe darei as nações por herança e as extremidades da terra por sua possessão.
> *(Salmos 2.8)*

QUINTA

SEXTA

SÁBADO

DOMINGO

ANOTAÇÕES

MINHA SEMANA

SEGUNDA

TERÇA

QUARTA

LISTA DE TAREFAS

NÃO POSSO ESQUECER

> A ardente expectativa da criação aguarda a revelação dos filhos de Deus.
> (Romanos 8.19)

QUINTA

SEXTA

SÁBADO

DOMINGO

ANOTAÇÕES

MINHA SEMANA

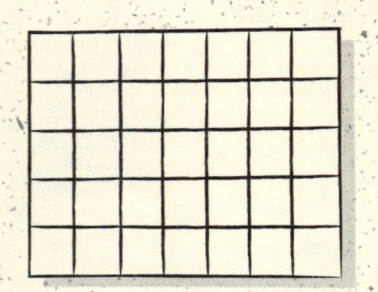

SEGUNDA

TERÇA

QUARTA

LISTA DE TAREFAS

NÃO POSSO ESQUECER

> *Orem sem cessar.*
> *(1 Tessalonicenses 5.17)*

QUINTA

SEXTA

SÁBADO

DOMINGO

ANOTAÇÕES

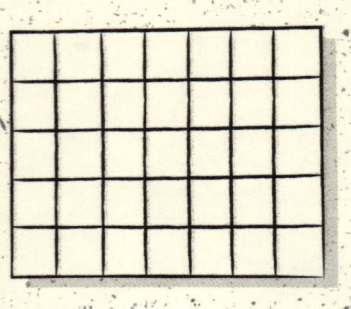

MINHA SEMANA

SEGUNDA

TERÇA

QUARTA

LISTA DE TAREFAS

NÃO POSSO ESQUECER

> Ora, se Deus veste assim a erva do campo, que hoje existe e amanhã é lançada no forno, não fará muito mais por vocês, homens de pequena fé?
> (Mateus 6.30)

QUINTA

SEXTA

SÁBADO

DOMINGO

ANOTAÇÕES

MINHA SEMANA

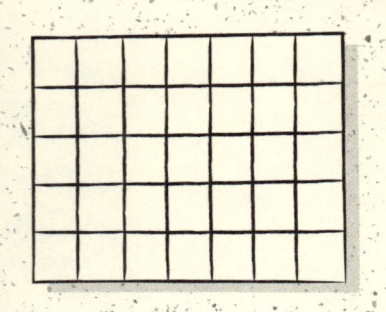

SEGUNDA

TERÇA

QUARTA

LISTA DE TAREFAS

NÃO POSSO ESQUECER

> Guardo a tua palavra no meu coração para não pecar contra ti.
> *(Salmos 119.11)*

QUINTA

SEXTA

SÁBADO

DOMINGO

ANOTAÇÕES

ANOTAÇÕES

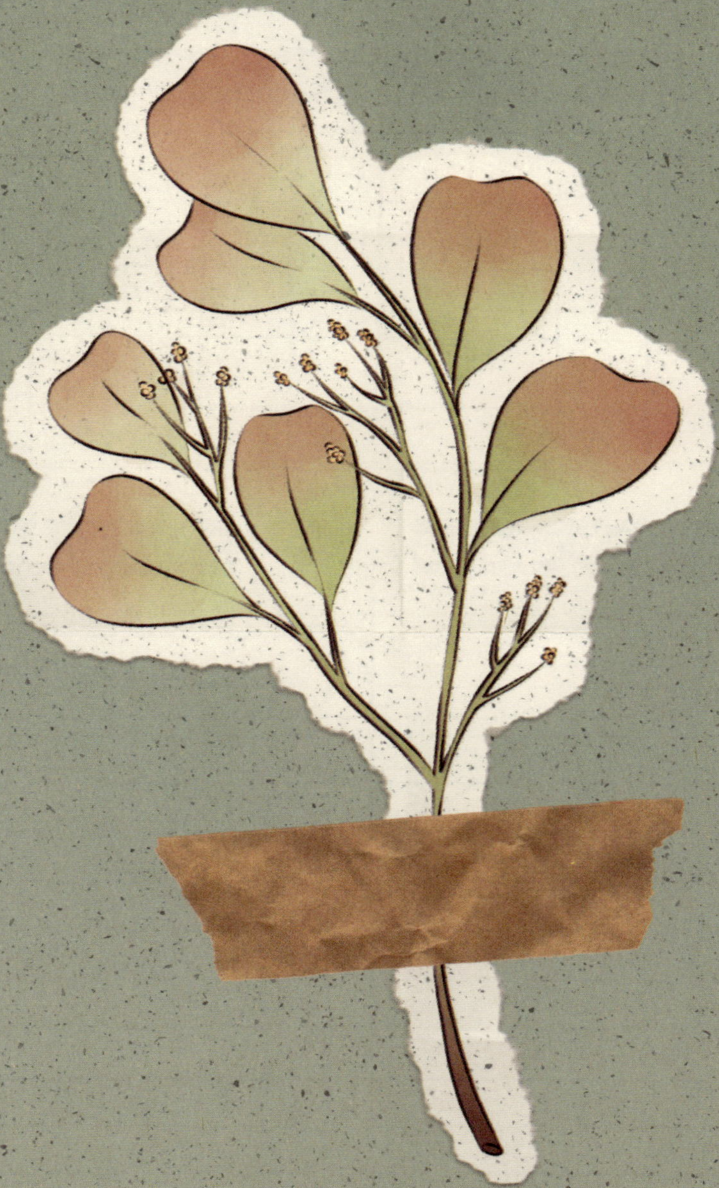

VISÃO MENSAL

S	T	Q	Q	S	S	D

COMPROMISSOS

ANOTAÇÕES

OBJETIVOS

ACOMPANHE SEUS HÁBITOS

Corpo

Alma

Espírito

Porque eu estou bem certo de que nem a morte, nem a vida, [...] nem qualquer outra criatura poderá nos separar do amor de Deus, que está em Cristo Jesus, nosso Senhor.
(Romanos 8.38-39)

PLANEJAMENTO FINANCEIRO

ENTRADAS

Data	Fonte	$

SAÍDAS

Categorias	Valor

SALDO MENSAL

Inicial:

Final:

PAGAMENTO DE CONTAS

Descrição	Valor	Vencimento	Status

DESPESAS VARIÁVEIS

Despesa	Limite mensal	Semana				
		1	2	3	4	5

MINHA SEMANA

SEGUNDA

TERÇA

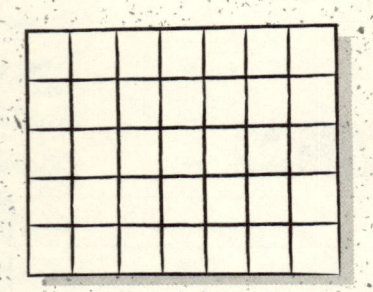

QUARTA

LISTA DE TAREFAS

NÃO POSSO ESQUECER

> Não tema, porque eu estou com você;
> não fique com medo, porque eu sou o
> seu Deus. Eu lhe dou forças; sim, eu
> o ajudo; sim, eu o seguro com a mão
> direita da minha justiça.
> (Isaías 41.10)

QUINTA

SEXTA

SÁBADO

DOMINGO

ANOTAÇÕES

MINHA SEMANA

SEGUNDA

TERÇA

QUARTA

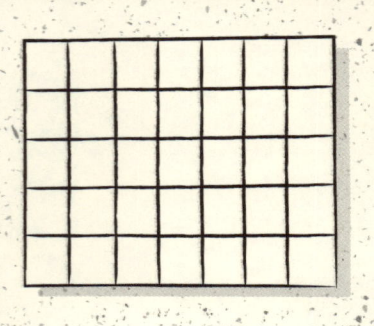

LISTA DE TAREFAS

NÃO POSSO ESQUECER

> *Mas vocês receberão poder, ao descer sobre vocês o Espírito Santo, e serão minhas testemunhas tanto em Jerusalém como em toda a Judeia e Samaria e até os confins da terra.*
> (Atos 1.8)

QUINTA

SEXTA

SÁBADO

DOMINGO

ANOTAÇÕES

MINHA SEMANA

SEGUNDA

TERÇA

QUARTA

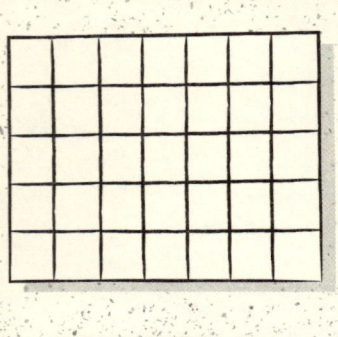

LISTA DE TAREFAS

NÃO POSSO ESQUECER

> *Quem crer em mim, como diz a Escritura, do seu interior fluirão rios de água viva.*
> *(João 7.38)*

QUINTA

SEXTA

SÁBADO

DOMINGO

ANOTAÇÕES

MINHA SEMANA

SEGUNDA

TERÇA

QUARTA

LISTA DE TAREFAS

NÃO POSSO ESQUECER

> *Peça, e eu lhe darei as nações por herança e as extremidades da terra por sua possessão.*
> (Salmos 2.8)

QUINTA

SEXTA

SÁBADO

DOMINGO

ANOTAÇÕES

MINHA SEMANA

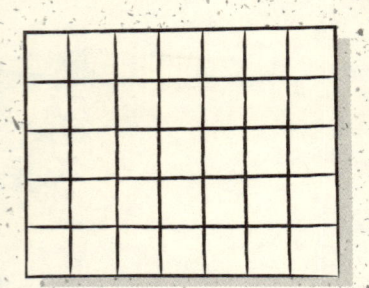

SEGUNDA

TERÇA

QUARTA

LISTA DE TAREFAS

NÃO POSSO ESQUECER

> *Vocês são a luz do mundo. Não se pode esconder uma cidade situada no alto de um monte.*
> (Mateus 5.14)

QUINTA

SEXTA

SÁBADO

DOMINGO

ANOTAÇÕES

ANOTAÇÕES

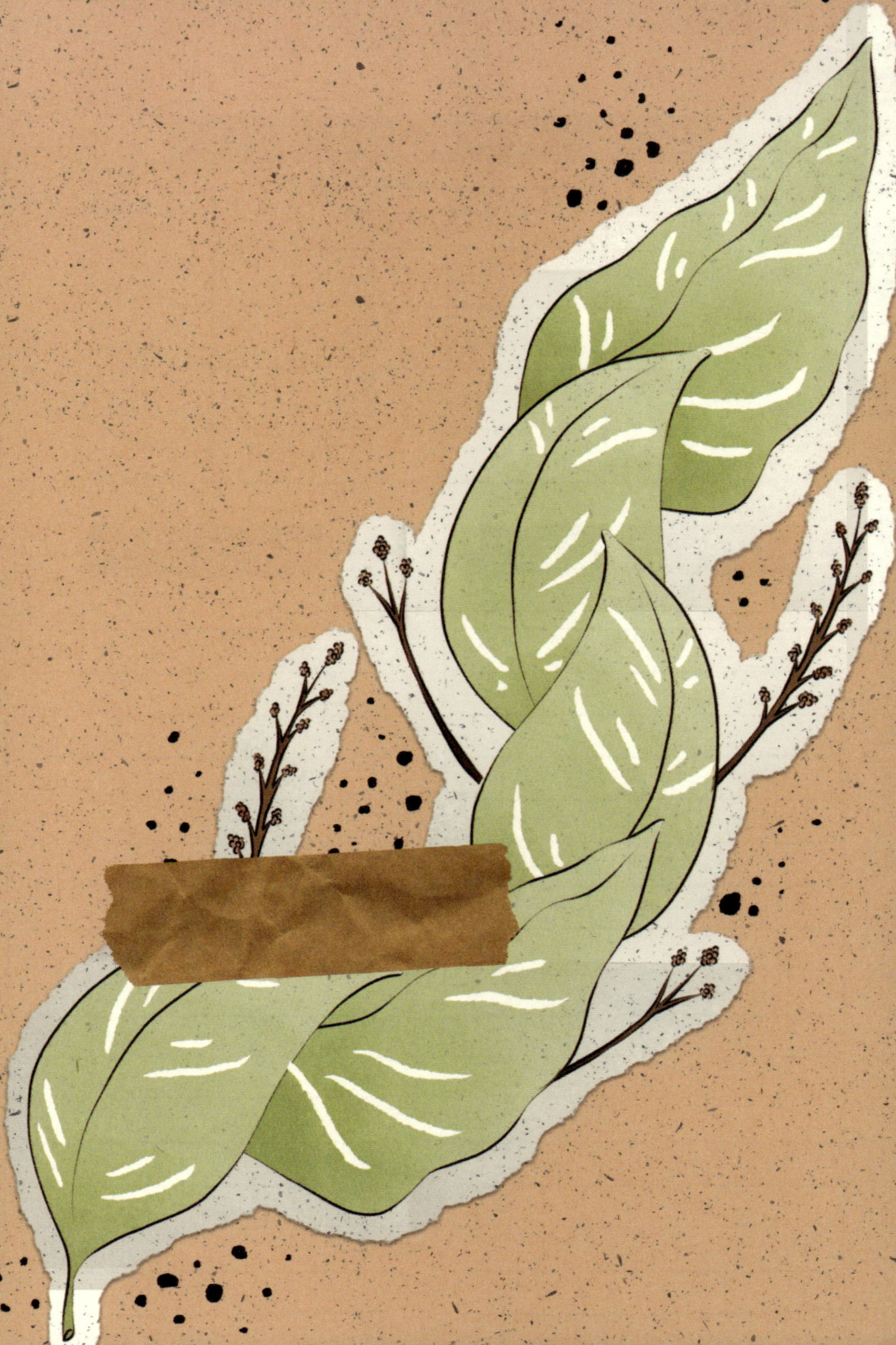

VISÃO MENSAL

S	T	Q	Q	S	S	D

COMPROMISSOS

ANOTAÇÕES

OBJETIVOS

ACOMPANHE SEUS HÁBITOS

Corpo

Alma

Espírito

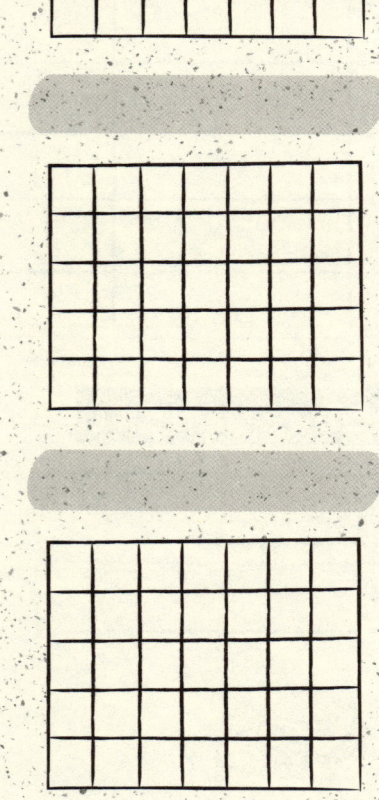

De tudo o que se deve guardar, guarde bem o seu coração, porque dele procedem as fontes da vida.
(Provérbios 4.23)

PLANEJAMENTO FINANCEIRO

ENTRADAS

Data	Fonte	$

SAÍDAS

Categorias	Valor

SALDO MENSAL

Inicial:

Final:

PAGAMENTO DE CONTAS

Descrição	Valor	Vencimento	Status

DESPESAS VARIÁVEIS

Despesa	Limite mensal	Semana				
		1	2	3	4	5

MINHA SEMANA

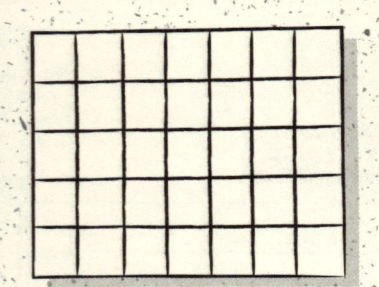

SEGUNDA

TERÇA

QUARTA

LISTA DE TAREFAS

NÃO POSSO ESQUECER

> *Quem entre vocês é sábio e inteligente? Mostre as suas obras em mansidão de sabedoria, mediante a sua boa conduta.*
> *(Tiago 3.13)*

QUINTA

SEXTA

SÁBADO

DOMINGO

ANOTAÇÕES

MINHA SEMANA

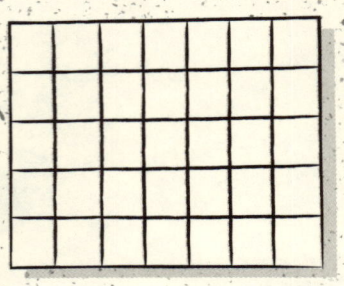

SEGUNDA

TERÇA

QUARTA

LISTA DE TAREFAS

NÃO POSSO ESQUECER

> *De tudo o que se ouviu, a conclusão é esta: tema a Deus e guarde os seus mandamentos, porque isto é o dever de cada pessoa.*
> (Eclesiastes 12.13)

QUINTA

SEXTA

SÁBADO

DOMINGO

ANOTAÇÕES

MINHA SEMANA

SEGUNDA

TERÇA

QUARTA

LISTA DE TAREFAS

NÃO POSSO ESQUECER

> [...]na medida em que não olhamos para as coisas que se veem, mas para as que não se veem. Porque as coisas que se veem são temporais, mas as que não se veem são eternas.
> *(2 Coríntios 4.18)*

QUINTA

SEXTA

SÁBADO

DOMINGO

ANOTAÇÕES

MINHA SEMANA

SEGUNDA

TERÇA

QUARTA

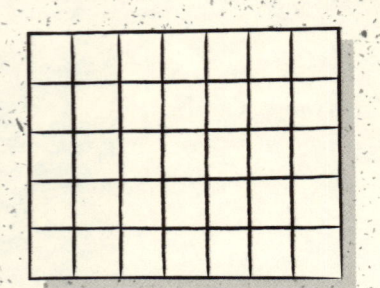

LISTA DE TAREFAS

NÃO POSSO ESQUECER

> *De tudo o que se ouviu, a conclusão é esta: tema a Deus e guarde os seus mandamentos, porque isto é o dever de cada pessoa.*
> (Eclesiastes 12.13)

QUINTA

SEXTA

SÁBADO

DOMINGO

ANOTAÇÕES

MINHA SEMANA

SEGUNDA

TERÇA

QUARTA

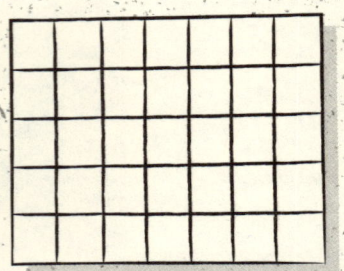

LISTA DE TAREFAS

NÃO POSSO ESQUECER

> *Mas a sabedoria lá do alto é, primeiramente, pura; depois, pacífica, gentil, amigável, cheia de misericórdia e de bons frutos, imparcial, sem fingimento.*
> *(Tiago 3.17)*

QUINTA

SEXTA

SÁBADO

DOMINGO

ANOTAÇÕES

ANOTAÇÕES

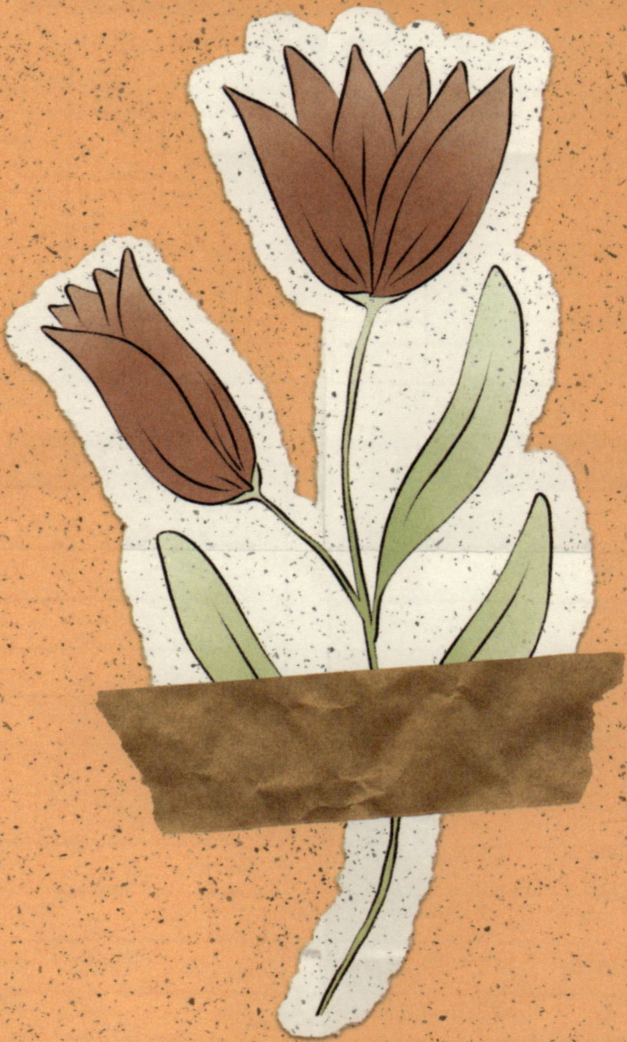

VISÃO MENSAL

S	T	Q	Q	S	S	D

COMPROMISSOS

ANOTAÇÕES

OBJETIVOS

ACOMPANHE SEUS HÁBITOS

Corpo

Alma

Espírito

> E não vivam conforme os padrões deste mundo, mas deixem que Deus os transforme pela renovação da mente, para que possam experimentar qual é a boa, agradável e perfeita vontade de Deus.
> (Romanos 12.2)

PLANEJAMENTO FINANCEIRO

ENTRADAS

Data	Fonte	$

SAÍDAS

Categorias	Valor

SALDO MENSAL

Inicial:

Final:

PAGAMENTO DE CONTAS

Descrição	Valor	Vencimento	Status

DESPESAS VARIÁVEIS

Despesa	Limite mensal	Semana				
		1	2	3	4	5

MINHA SEMANA

SEGUNDA

TERÇA

QUARTA

LISTA DE TAREFAS

NÃO POSSO ESQUECER

> *Tenho visto que toda perfeição tem o seu limite; mas o teu mandamento é ilimitado.*
> (Salmos 119.96)

QUINTA

SEXTA

SÁBADO

DOMINGO

ANOTAÇÕES

MINHA SEMANA

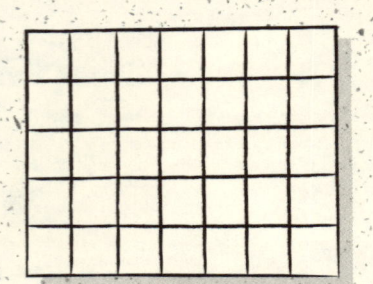

SEGUNDA

TERÇA

QUARTA

LISTA DE TAREFAS

NÃO POSSO ESQUECER

Porque agora vemos como num espelho, de forma obscura; depois veremos face a face. Agora meu conhecimento é incompleto; depois conhecerei como também sou conhecido.
(1 Coríntios 13.12)

QUINTA

SEXTA

SÁBADO

DOMINGO

ANOTAÇÕES

MINHA SEMANA

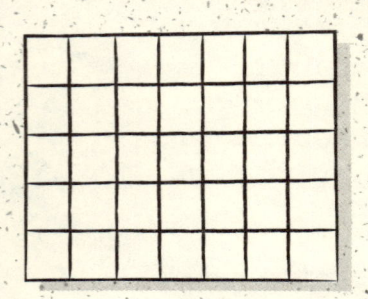

SEGUNDA

TERÇA

QUARTA

LISTA DE TAREFAS

NÃO POSSO ESQUECER

> *Mas, a todos quantos o receberam, deu-lhes o poder de serem feitos filhos de Deus, a saber, aos que creem no seu nome, os quais não nasceram do sangue, nem da vontade da carne, nem da vontade do homem, mas de Deus.*
> *(João 1.12-13)*

QUINTA

SEXTA

SÁBADO

DOMINGO

ANOTAÇÕES

MINHA SEMANA

SEGUNDA

TERÇA

QUARTA

LISTA DE TAREFAS

NÃO POSSO ESQUECER

> *Só tu és o Senhor! Fizeste o céu, o céu dos céus e todo o seu exército, a terra e tudo o que nela há, os mares e tudo o que há neles. Tu conservas a todos com vida, e o exército dos céus te adora.*
> (Neemias 9.6)

QUINTA

SEXTA

SÁBADO

DOMINGO

ANOTAÇÕES

MINHA SEMANA

SEGUNDA

TERÇA

QUARTA

LISTA DE TAREFAS

NÃO POSSO ESQUECER

> Será que vocês não sabem que o corpo de vocês é santuário do Espírito Santo, que está em vocês e que vocês receberam de Deus, e que vocês não pertencem a vocês mesmos? Porque vocês foram comprados por preço. Agora, pois, glorifiquem a Deus no corpo de vocês.
> (1 Coríntios 6.19-20)

QUINTA

SEXTA

SÁBADO

DOMINGO

ANOTAÇÕES

ANOTAÇÕES

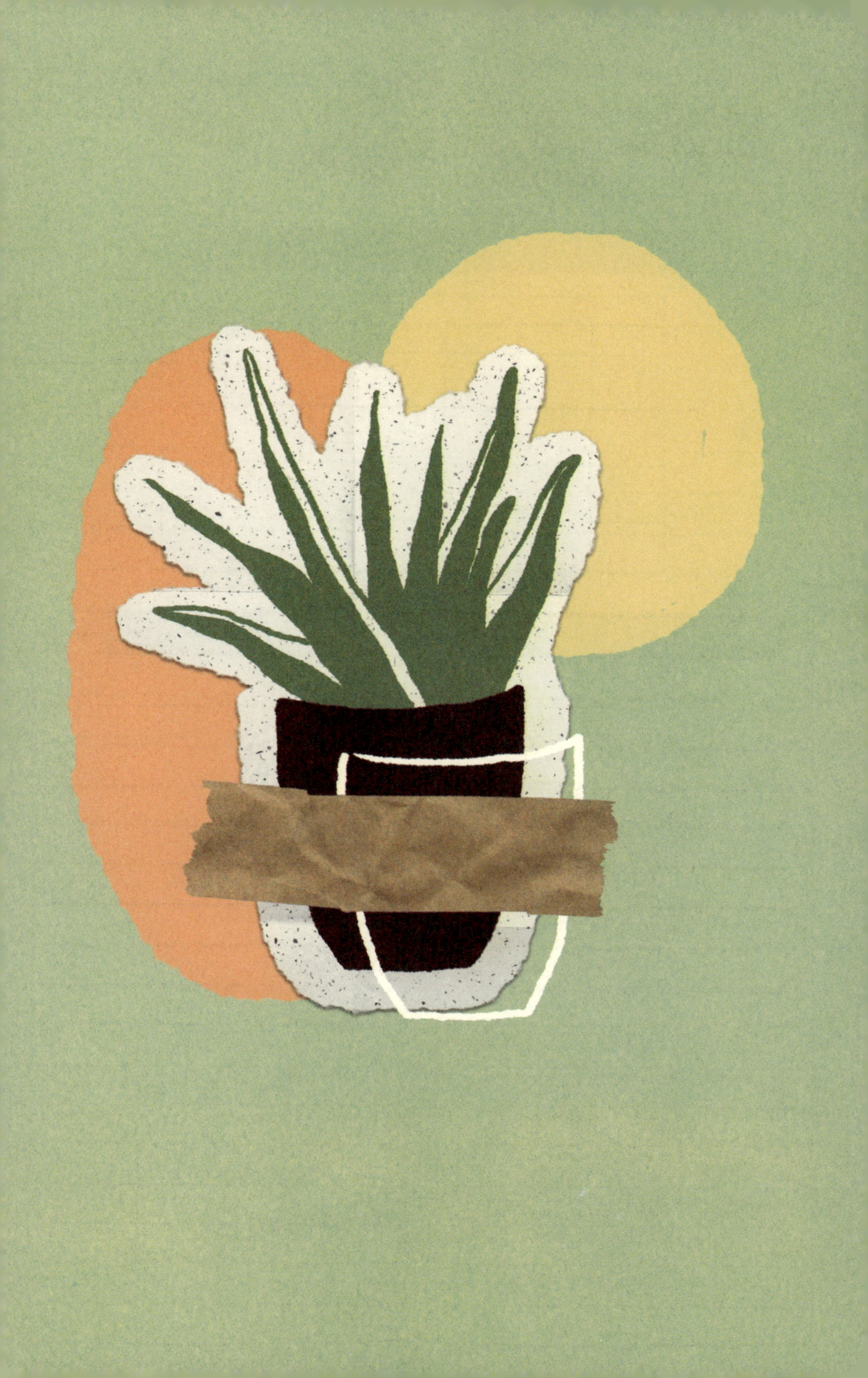

VISÃO MENSAL

S	T	Q	Q	S	S	D

COMPROMISSOS

ANOTAÇÕES

OBJETIVOS

Corpo

Alma

Espírito

ACOMPANHE SEUS HÁBITOS

> *Vocês, porém, são geração eleita, sacerdócio real, nação santa, povo de propriedade exclusiva de Deus, a fim de proclamar as virtudes daquele que os chamou das trevas para a sua maravilhosa luz.*
> (1 Pedro 2.9)

PLANEJAMENTO FINANCEIRO

ENTRADAS

Data	Fonte	$

SAÍDAS

Categorias	Valor

SALDO MENSAL

Inicial:

Final:

PAGAMENTO DE CONTAS

Descrição	Valor	Vencimento	Status

DESPESAS VARIÁVEIS

Despesa	Limite mensal	Semana				
		1	2	3	4	5

MINHA SEMANA

SEGUNDA

TERÇA

QUARTA

LISTA DE TAREFAS

NÃO POSSO ESQUECER

> Pois todos os que são guiados pelo Espírito de Deus são filhos de Deus.
> (Romanos 8.14)

QUINTA

SEXTA

SÁBADO

DOMINGO

ANOTAÇÕES

MINHA SEMANA

SEGUNDA

TERÇA

QUARTA

LISTA DE TAREFAS

NÃO POSSO ESQUECER

> *Eu sou a videira, vocês são os ramos. Quem permanece em mim, e eu, nele, esse dá muito fruto; porque sem mim vocês não podem fazer nada.*
> *(João 15.5)*

QUINTA

SEXTA

SÁBADO

DOMINGO

ANOTAÇÕES

MINHA SEMANA

SEGUNDA

TERÇA

QUARTA

LISTA DE TAREFAS

NÃO POSSO ESQUECER

> E, assim, se alguém está em Cristo, é nova criatura; as coisas antigas já passaram; eis que se fizeram novas.
> (2 Coríntios 5.17)

QUINTA

SEXTA

SÁBADO

DOMINGO

ANOTAÇÕES

MINHA SEMANA

SEGUNDA

TERÇA

QUARTA

LISTA DE TAREFAS

NÃO POSSO ESQUECER

> *Descanse no Senhor e espere nele; não se irrite por causa daquele que prospera em seu caminho, por causa do que realiza os seus maus desígnios.*
> *(Salmos 37.7)*

QUINTA

SEXTA

SÁBADO

DOMINGO

ANOTAÇÕES

MINHA SEMANA

SEGUNDA

TERÇA

QUARTA

LISTA DE TAREFAS

NÃO POSSO ESQUECER

> [...]Se alguém quer vir após mim, negue a si mesmo, dia a dia tome a sua cruz e siga-me. Pois quem quiser salvar a sua vida a perderá; e quem perder a vida por minha causa, esse a salvará.
> (Lucas 9.23-24)

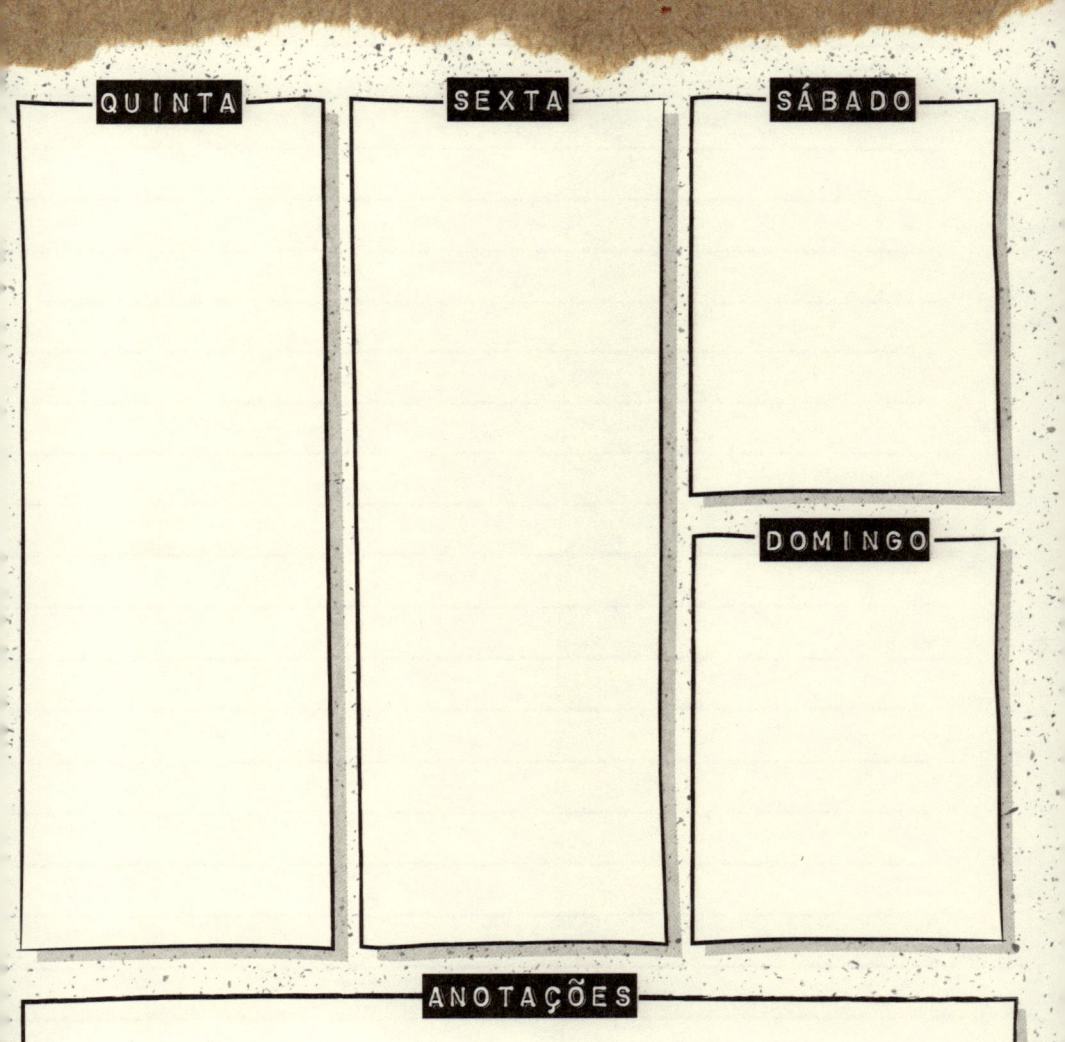

QUINTA

SEXTA

SÁBADO

DOMINGO

ANOTAÇÕES

ANOTAÇÕES

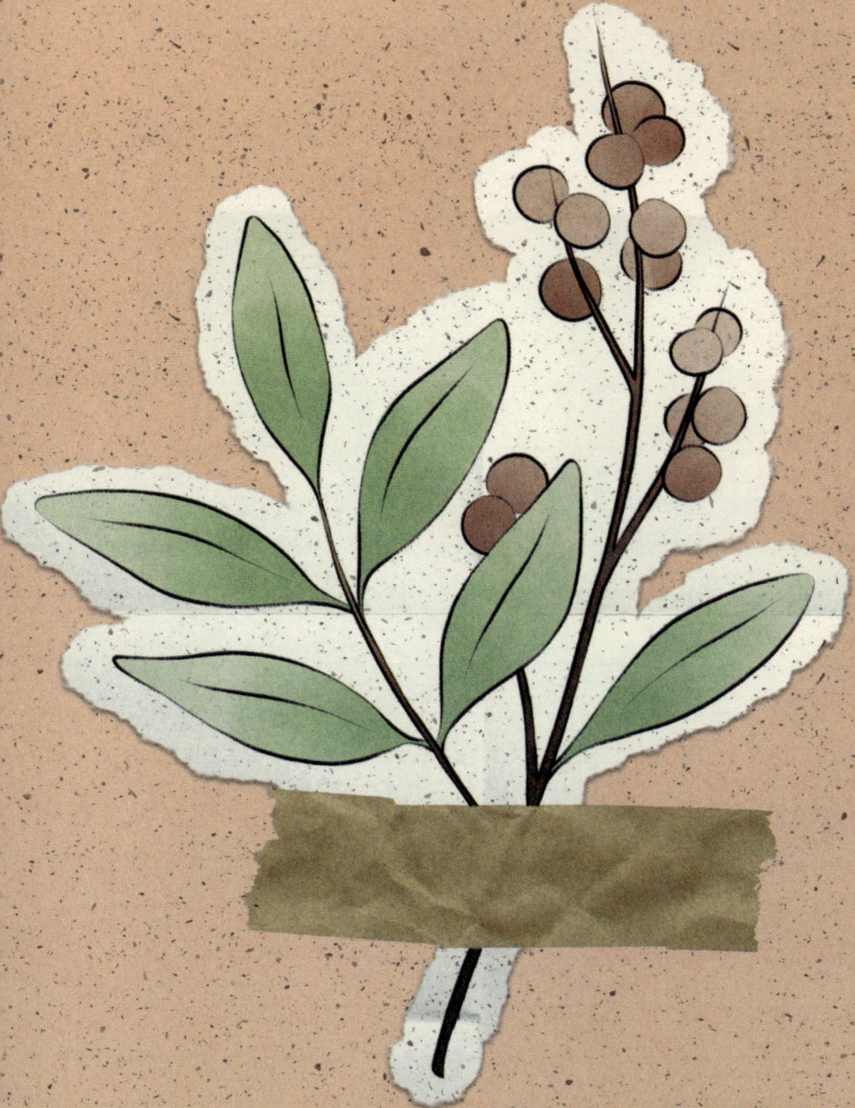

VISÃO MENSAL

S	T	Q	Q	S	S	D

COMPROMISSOS

ANOTAÇÕES

OBJETIVOS

ACOMPANHE SEUS HÁBITOS

Corpo

Alma

Espírito

O Senhor é compassivo e bondoso; tardio em irar-se e rico em bondade.
(Salmos 103.8)

PLANEJAMENTO FINANCEIRO

ENTRADAS

Data	Fonte	$

SAÍDAS

Categorias	Valor

SALDO MENSAL

Inicial:

Final:

PAGAMENTO DE CONTAS

Descrição	Valor	Vencimento	Status

DESPESAS VARIÁVEIS

Despesa	Limite mensal	Semana				
		1	2	3	4	5

MINHA SEMANA

SEGUNDA

TERÇA

QUARTA

LISTA DE TAREFAS

NÃO POSSO ESQUECER

> Bem-aventurados os perseguidos por causa da justiça, porque deles é o Reino dos Céus.
> (Mateus 5.10)

QUINTA

SEXTA

SÁBADO

DOMINGO

ANOTAÇÕES

MINHA SEMANA

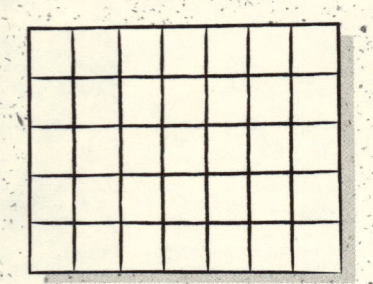

SEGUNDA

TERÇA

QUARTA

LISTA DE TAREFAS

NÃO POSSO ESQUECER

> *Vejam que grande amor o Pai nos tem concedido, a ponto de sermos chamados filhos de Deus; e, de fato, somos filhos de Deus. Por essa razão, o mundo não nos conhece, porque não o conheceu.*
> *(1 João 3.1)*

QUINTA

SEXTA

SÁBADO

DOMINGO

ANOTAÇÕES

MINHA SEMANA

SEGUNDA

TERÇA

QUARTA

LISTA DE TAREFAS

NÃO POSSO ESQUECER

> [...] vocês foram instruídos a deixar de lado a velha natureza, que se corrompe segundo desejos enganosos, a se deixar renovar no espírito do entendimento de vocês, e a se revestir da nova natureza, criada segundo Deus, em justiça e retidão procedentes da verdade.
> *(Efésios 4.22-24)*

QUINTA

SEXTA

SÁBADO

DOMINGO

ANOTAÇÕES

MINHA SEMANA

SEGUNDA

TERÇA

QUARTA

LISTA DE TAREFAS

NÃO POSSO ESQUECER

> *De fato, grandes coisas o Senhor fez por nós; por isso, estamos alegres.*
> (Salmos 126.3)

QUINTA

SEXTA

SÁBADO

DOMINGO

ANOTAÇÕES

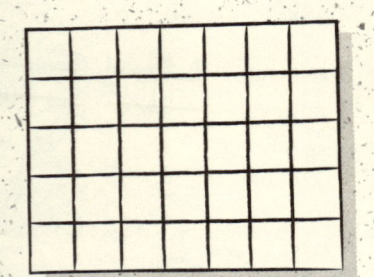

MINHA SEMANA

SEGUNDA

TERÇA

QUARTA

LISTA DE TAREFAS

NÃO POSSO ESQUECER

> De que adianta uma pessoa ganhar o mundo inteiro, se vier a perder-se ou causar dano a si mesma?
> (Lucas 9.25)

QUINTA

SEXTA

SÁBADO

DOMINGO

ANOTAÇÕES

ANOTAÇÕES

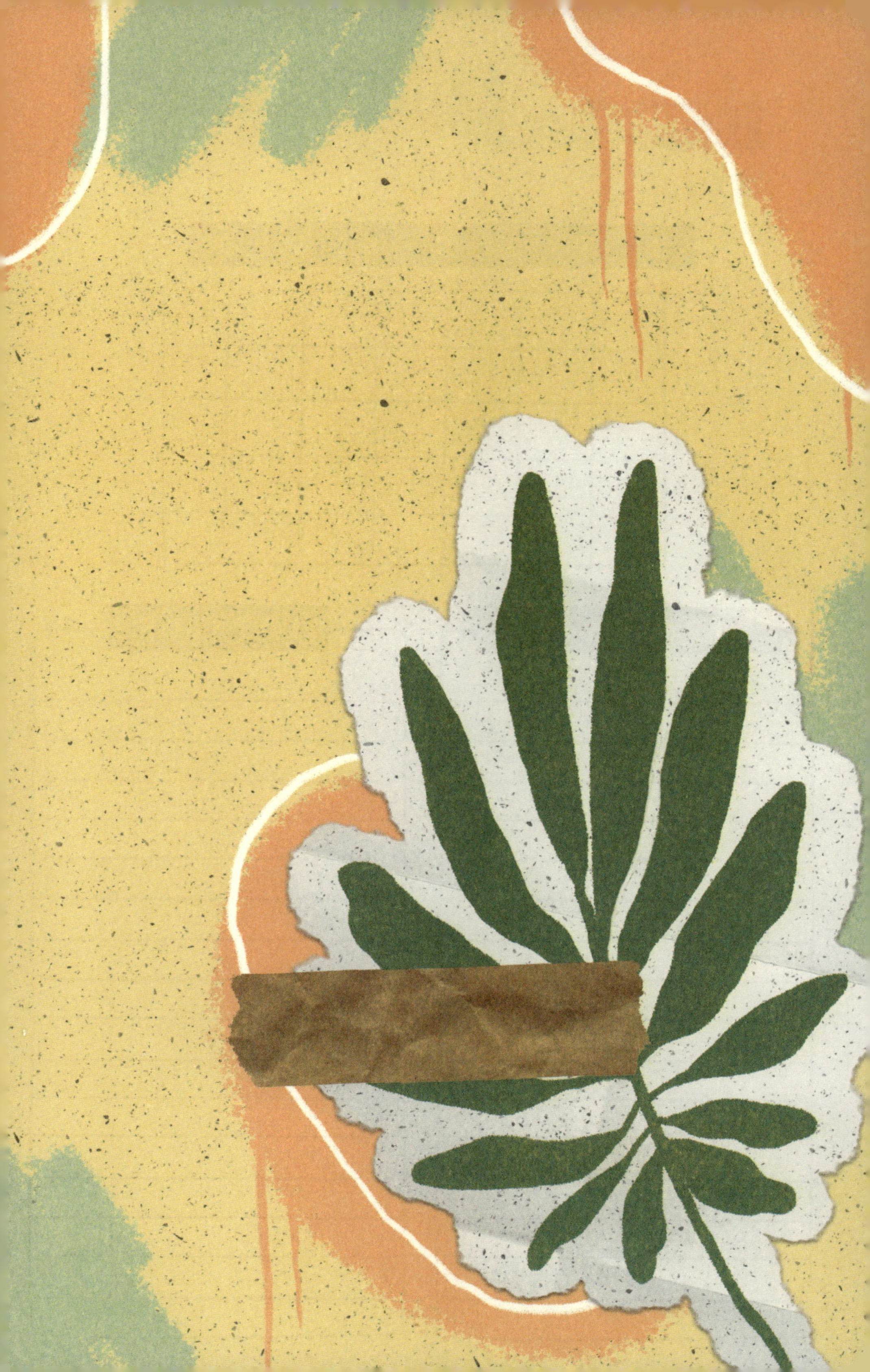

VISÃO MENSAL

S	T	Q	Q	S	S	D

COMPROMISSOS

ANOTAÇÕES

OBJETIVOS

ACOMPANHE SEUS HÁBITOS

Corpo

Alma

Espírito

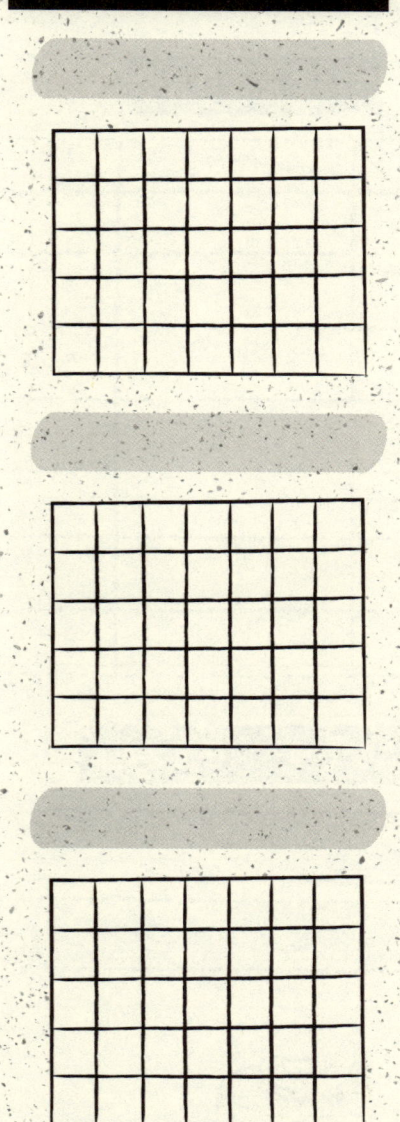

O justo se alegra no Senhor e nele confia; e se gloriam todos os retos de coração.
(Salmos 64.10)

PLANEJAMENTO FINANCEIRO

ENTRADAS

Data	Fonte	$

SAÍDAS

Categorias	Valor

SALDO MENSAL

Inicial:

Final:

PAGAMENTO DE CONTAS

Descrição	Valor	Vencimento	Status

DESPESAS VARIÁVEIS

Despesa	Limite mensal	Semana				
		1	2	3	4	5

MINHA SEMANA

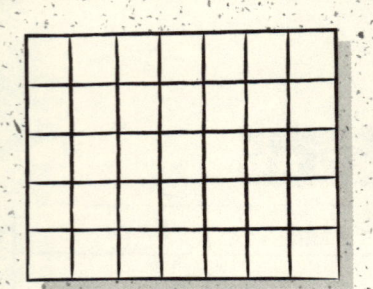

SEGUNDA

TERÇA

QUARTA

LISTA DE TAREFAS

NÃO POSSO ESQUECER

> *Não fiquem lembrando das coisas passadas, nem pensem nas coisas antigas. Eis que faço uma coisa nova. Agora mesmo ela está saindo à luz. Será que vocês não o percebem? Eis que porei um caminho no deserto e rios nos lugares áridos.*
> *(Isaías 43.18-19)*

QUINTA

SEXTA

SÁBADO

DOMINGO

ANOTAÇÕES

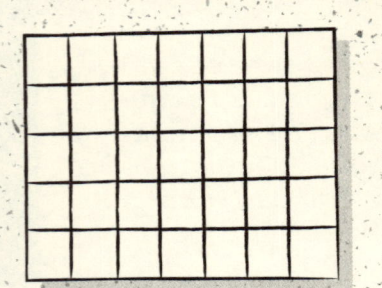

MINHA SEMANA

SEGUNDA

TERÇA

QUARTA

LISTA DE TAREFAS

NÃO POSSO ESQUECER

> Portanto, irmãos, sejam pacientes até a vinda do Senhor. Eis que o lavrador aguarda com paciência o precioso fruto da terra, até receber as primeiras e as últimas chuvas.
> (Tiago 5.7)

QUINTA

SEXTA

SÁBADO

DOMINGO

ANOTAÇÕES

MINHA SEMANA

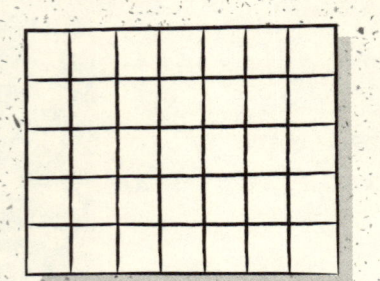

SEGUNDA

TERÇA

QUARTA

LISTA DE TAREFAS

NÃO POSSO ESQUECER

> Assim como a corça suspira pelas correntes das águas, assim, por ti, ó Deus, suspira a minha alma.
> (Salmos 42.1)

QUINTA

SEXTA

SÁBADO

DOMINGO

ANOTAÇÕES

MINHA SEMANA

SEGUNDA

TERÇA

QUARTA

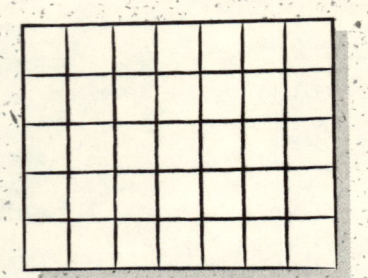

LISTA DE TAREFAS

NÃO POSSO ESQUECER

> Bem-aventurados os pacificadores, porque serão chamados filhos de Deus.
> (Mateus 5.9)

QUINTA

SEXTA

SÁBADO

DOMINGO

ANOTAÇÕES

MINHA SEMANA

SEGUNDA

TERÇA

QUARTA

LISTA DE TAREFAS

NÃO POSSO ESQUECER

Alegrem-se sempre no Senhor; outra vez digo: alegrem-se!
(Filipenses 4.4)

QUINTA

SEXTA

SÁBADO

DOMINGO

ANOTAÇÕES

ANOTAÇÕES

Produzido em Avenir Next LT Pro 11 e impresso pela Gráfica Hawaii sobre papel Pólen Bold 90g para a Editora Quatro Ventos em fevereiro de 2021.